Ralf Michael

DAS RALF-PRINZIP

SELBSTCOACHING FÜR EIN BEGEISTERTES LEBEN

© 2015 Ralf Michael
Titelfoto: © Stuart Miles - www.fotolia.com

Das Werk, einschließlich seiner Teile, ist urheberrechtlich geschützt. Jede Verwertung ist ohne Zustimmung des Verlages und der Autoren unzulässig. Dies gilt insbesondere für die elektronische oder sonstige Vervielfältigung, Übersetzung, Verbreitung und öffentliche Zugänglichmachung.

Bibliografische Information der Deutschen Nationalbibliothek:

Die Deutsche Nationalbibliothek verzeichnet diese Publikation in der Deutschen Nationalbibliografie; detaillierte bibliografische Daten sind im Internet über http://dnb.d-nb.de abrufbar.

Verlag: Hoch hinaus Verlag, Stuttgart - www.hoch-hinaus-verlag.de
ISBN: 978-3-945240-02-1
Printed in Germany

Dieses Buch ist meiner großartigen Frau Silvia, meiner einzigartigen Tochter Steffi und Ihrem Freund Dennis, meinem zu früh verstorbenen Sohn Alex, meinem verstorbenen Vater Dieter, meiner lieben Mutter Lilo, meinem Bruder Stefan, meinen beiden Schwestern Helga und Andrea, meinen besten Freundinnen und Freunden, allen netten Arbeitskolleginnen und -kollegen, meinen Auszubildenden, meinen Fußballkumpels, sowie allen Menschen, die mich lieben, gewidmet. Ohne die Inspirationen und Erlebnisse mit Euch, wäre dieses Buch niemals möglich gewesen. Dankeschön.

Über den Autor

Ralf Michael ist als Ausbildungsleiter und Business-Coach in einem mittelständischen Unternehmen in Ulm tätig und hat nebenbei die Website 0731-Coaching.de gegründet, um sein Wissen mit Freude und Begeisterung an möglichst viele Menschen weiter zu geben. Es gibt dort viele interessante Buchtipps und Videos für alle Menschen, die sich mit dem großen Thema Persönlichkeitsentwicklung ausführlicher beschäftigen möchten. Zudem bietet Ralf Michael Coachings und Seminare für Firmen oder Einzelpersonen an.

Seit mehreren Jahren beschäftigen den Autor folgende Fragen: Wie kann ich mein Leben in allen Bereichen so gestalten, dass es mir rundum Freude bereitet und wie kann ich das tun, was mich wirklich erfüllt?

Wie kann ich mich selbst coachen und motivieren? Auf der Suche nach den passenden Antworten hat er Hunderte von Büchern gelesen, viele Seminare besucht und einige Weiterbildungen gemacht.

Vieles war ihm zu umständlich oder zeitaufwändig. Deshalb hat der Autor für sich selbst aus der Vielzahl der Methoden das RALF-Prinzip entwickelt. Es geht dem Autor nicht darum, Sie über Nacht zum Millionär zu machen oder Sie gar zur Erleuchtung zu führen. Es geht um alltagstaugliche Übungen, Werkzeuge, Strategien zur Zielsetzung und Anregungen für eine ausgewogene Lebensgestaltung. Außerdem gilt es das Leben in allen Lebensbereichen deutlich zu vereinfachen, und egal was sich im Außen gerade zeigt, ein Leben mit Freude und Begeisterung zu führen.

Ralf Michael ist gelernter Industriemeister für Lagerlogistik mit über 20 Jahren Führungserfahrung als Abteilungsleiter und hat sich zum Business-Coach IHK und NLP-Practitioner (Society of NLP®) weitergebildet. Im privaten Bereich musste der Autor 2007 einen schweren persönlichen Schicksalsschlag innerhalb der Familie hinnehmen, der ihn dazu bewogen hat, sich noch viel intensiver mit dem Sinn seines Lebens auseinanderzusetzen. Seit 2010 ist er in der Personalentwicklung und als Ausbildungsleiter tätig. Sein großer Herzenswunsch, ein eigenes Buch zu schreiben, um sein Wissen mit Freude und Begeisterung mit möglichst vielen Menschen zu teilen, hat sich nun endlich erfüllt.

Kontakt:

Ralf Michael
Wiblinger Steig 30
89231 Neu-Ulm

Internet:
www.0731-coaching.de

EINLEITUNG

Wie kann ich mein Leben in allen Bereichen so gestalten, dass es mir rundum Freude bereitet und wie kann ich das tun, was mich wirklich erfüllt? Wie kann ich mich selbst coachen und motivieren? Diese Fragen beschäftigen und faszinieren mich seit mehreren Jahren. Auf der Suche nach den passenden Antworten habe ich Hunderte von Büchern gelesen, viele Seminare besucht und einige Weiterbildungen gemacht.

Dabei habe ich mich intensiv mit den geistigen Gesetzen beschäftigt, Techniken wie NLP und Erfolgsstrategien erlernt. Ich habe ausführlich das positive Denken studiert, einige mentale Techniken erprobt, das Langzeitseminar „die Spielregeln des Erfolgs" absolviert, sowie eine Business-Coach Ausbildung erfolgreich abgeschlossen. In dieser Phase konnte ich mich selbst viel besser kennenlernen und lernte dadurch, wie ich mein eigenes Leben viel besser nach meinen Wünschen gestalten kann.

Meine Vision

Nun entstand nach und nach meine Vision, dieses wertvolle Wissen mit Freude und Begeisterung weiterzugeben, damit möglichst viele Menschen davon profitieren können. Mein Werk ist als pragmatische Anleitung zu verstehen, nicht als wissenschaftliche Abhandlung. Im Laufe meines jahrelangen „Selbststudiums" habe ich sehr viele Methoden und Techniken erlernt und getestet. Ich habe regelrecht alles, was es zu den Themen Unterbewusstsein, positives Denken, Erfolgsstrategien, Kommunikation, Coaching und NLP gibt, aufgesaugt!

Ein einfaches Prinzip

Vieles war mir zu umständlich oder zu zeitaufwändig. Es darf doch auch einfacher gehen und Spaß machen, dachte ich mir und entwickelte für mich selbst, aus der Vielzahl der Methoden, das **RALF-PRINZIP**. Dieses Prinzip berücksichtigt die wichtigsten Grundannahmen aller Theorien, mit denen ich mich beschäftigt habe. Es ist sozusagen die Essenz aller Methoden und Techniken, die mich dahin gebracht haben, wo ich heute stehe. Mit dem **RALF-PRINZIP** möchte ich Ihnen ein einzigartiges Werkzeug an die Hand geben, welches Ihnen das Leben ermöglichen soll, so wie es schon immer gedacht war. **BEGEISTERUNG, LIEBE, ERFOLG, HARMONIE, GESUNDHEIT UND REICHTUM SIND IHR GUTES RECHT! Wollen Sie leben oder von anderen gelebt werden?** Nehmen Sie Ihr Leben selbst in die Hand. Coachen Sie sich selbst!

Das dürfen Sie von diesem Buch erwarten

Das Buch ist in einer sehr einfachen Sprache und verständlich geschrieben. Sie können sich den Kauf vieler Bücher und den Besuch einiger Seminare sparen, weil Sie hier komprimiertes und vor allem anwendbares Wissen aus der Praxis erhalten. Das Buch zeigt Ihnen, wie Sie sich effektiv selbst motivieren und coachen können. Es beschreibt die Wege, die ich persönlich gegangen bin und liefert Ihnen Beispiele, was für mich funktioniert hat, und was nicht. Sie profitieren von meinen Erfahrungen als Coach und Ausbildungsleiter, sowie von über fünfzig Jahren Lebenserfahrung und meinem gesunden Menschenverstand. Möglicherweise haben Sie selbst schon einiges über Erfolg, Motivation und andere Themen gelesen. Doch hat sich dadurch etwas Wesentliches verändert? Deshalb erhalten Sie von mir ein klares Prinzip an die Hand, dass Ihnen mit einfachen und nachvollziehbaren Schritten Lebensfreude in allen Bereichen ermöglicht, auch unabhängig davon, was gerade im Außen geschieht. Sie lernen verschiedene Gesetzmäßigkeiten durch viele konkrete Beispiele aus meinem eigenen Leben noch besser kennen. Und: Es gibt auch Beispiele zum Schmunzeln oder Lachen. Nehmen Sie bitte nicht alles zu ernst.

Was finden Sie nicht in diesem Buch?

Es geht mir nicht darum, Sie zur großen Erleuchtung zu führen oder Sie über Nacht zu einem Millionär zu machen. Dafür gibt es andere Bücher oder Ratgeber. Prüfen Sie bitte selbst, ob diese Versprechungen funktionieren. Ich möchte nicht einmal, dass Sie mich in irgendeiner Art als Vorbild nehmen, denn das will ich überhaupt nicht sein. Dazu habe ich selbst schon zu viel falsch in meinem eigenen Leben gemacht und deshalb eigne ich mich nicht als Vorbild.

Auch in der Zukunft möchte ich weiterhin jeden Blödsinn und genau die Fehler machen dürfen, die mir Freude und Spaß bringen.

Hilfe zur Selbsthilfe

Mir ist es sehr wichtig, dass Sie dieses Buch als Hilfe zur Selbsthilfe verstehen. Ich kann Ihnen alltagstaugliche Übungen, wertvolle Werkzeuge, die richtigen Fragen, Strategien zur Zielsetzung und Anregungen für eine ausgewogene Lebensgestaltung geben, doch gehen müssen Sie Ihren eigenen Weg natürlich selbst. Wie Sie den Weg mit Freude und Begeisterung gehen, kann ich Ihnen an meinen eigenen Beispielen sehr gut vermitteln. Wir betrachten dabei die wichtigen Lebensbereiche Partnerschaft, Beruf, Gesundheit und Freizeit. Außerdem werfen wir einen Blick auf das sehr interessante Thema Kommunikation.

Das Leben vereinfachen

Für mich geht es darum, Ihnen zu zeigen, wie das immer komplexer werdende Leben vereinfacht und dabei sogar verbessert werden kann. Weniger ist eben doch viel mehr. Das Leben kann mit Freude gelebt werden, es ist alles nur eine Frage der inneren Einstellung. Schauen Sie sich gerade die nicht so glatt verlaufenden Dinge besonders genau an. **Was wollen diese Ereignisse Ihnen sagen?** Welche Erkenntnis verbirgt sich dahinter?

Der tiefere Sinn

Alles hat auf jeden Fall seinen tieferen Sinn im Leben, davon bin ich mittlerweile überzeugt. Und umso weniger Sie sich gegen die Ereignisse in Ihrem Leben stemmen, desto besser läuft das Ganze dann. Es gibt die **körperliche, geistige und seelische Ebene**. Betrachten Sie stets das Gesamtpaket. **Waren Sie schon auf Motivations-Seminaren?** Wie lange hat die Wirkung angehalten? Niemand kann Sie motivieren, das können nur Sie selbst. Deshalb ist es sehr wichtig, sich regelmäßig mit sich selbst zu beschäftigen. Natürlich geht es nicht ausschließlich nur um Sie. Genau so wichtig ist das unmittelbare Umfeld, wie Partner, Familie, Freunde und Arbeitskollegen. Doch der erste Schritt beginnt bei Ihnen. Und wenn Sie diesen Schritt beherzt angehen, dann verändert sich sowieso auch alles andere um Sie herum.

Sie erfahren unter anderem:

Kapitel 1: Wie Sie sich täglich selbst coachen können 18
Kapitel 2: Wie Sie Partnerschaft, Familie und Beruf managen 31
Kapitel 3: Wie Sie Ordnung schaffen (Innen und Außen) 64
Kapitel 4: Wie Sie überzeugend kommunizieren 82
Kapitel 5: Wie Sie das Unterbewusstsein überzeugen 107
Kapitel 6: Wie Sie Zeit gewinnen für Dinge, die Spaß machen 151
Kapitel 7: Wie Sie die richtigen Ziele setzen und erreichen 170
Kapitel 8: Wie Sie fit und gesund bleiben 188
Kapitel 9: Wie Sie Gutes bewirken können 199
Kapitel 10: Wie das RALF-Prinzip funktioniert 205

Lernen Sie sich selbst kennen

Wenn Sie also bereit sind, sich täglich etwa 1 Stunde mit den angesprochenen Themen zu beschäftigen, dann verspreche ich Ihnen gravierende Änderungen in Ihrem Leben. Und ich verspreche Ihnen gleich noch etwas: Diese Beschäftigung wird Sie mit großer Freude erfüllen. Sie werden nicht mehr aufhören wollen mit dem schönsten Hobby der Welt: **"Sich selbst kennenzulernen und jeden Tag einen weiteren Schritt zu gehen."** Sie lernen in jedem Kapitel die passenden Werkzeuge und Fragen kennen. Ich liefere Ihnen zu jedem Thema ein passendes Erlebnis aus meinem Leben. Dies ist ein Buch aus der Praxis, keine graue Theorie. Lernen Sie das **RALF-Prinzip** kennen, dass sich wie ein Puzzle-Spiel aus sämtlichen Werkzeugen der einzelnen Kapitel zusammen setzt.

Eine spannende Reise

Wenn Sie sich darauf einlassen, steht Ihnen also eine sehr spannende Reise bevor. Eine Reise, bei der Sie sich selbst noch besser kennen lernen. Eine Reise, bei der sich das Ziel auf dem Weg ergibt und bei der Sie am Ende noch einige Abkürzungen kennen lernen.

Ein Begleiter in guten und schlechten Zeiten

Sie werden lernen, was zu Ihnen gehört und was Sie in Ihrem Leben nicht mehr brauchen. Dann können Sie unnötigen Ballast abwerfen und werden frei für neue Wege, die unglaubliche Möglichkeiten bieten. Doch dazu müssen Sie erst Ihre gewohnten Überzeugungen ablegen. Wie Sie dies schaffen können, wird ebenfalls erklärt. Sehen Sie dieses Buch als einen Begleiter in guten wie in schlechten Zeiten. Es lohnt sich durchaus, einige Kapitel genau und mehrfach zu studieren, nämlich diese, die in Ihrem eigenen Leben gerade das vorherrschende Thema sind.

Innere Überzeugung

Weshalb führen Menschen mit genau denselben Grundvoraussetzungen sehr oft ein so unterschiedliches Leben? Der Eine plagt sich, rackert sich ab, ist schlecht gelaunt und kommt im Leben nur mühevoll voran, während dem Anderen gut gelaunt alles einfach nur so zufliegt. Was er anpackt scheint von Erfolg gekrönt, es läuft quasi wie von selbst. Der Eine kämpft wiederum um jeden Euro, der Andere hat so viel, dass er gar nicht weiß, wie er das viele Geld ausgeben kann. Es hat nichts mit unterschiedlicher Schulbildung oder dem Elternhaus zu tun, es liegt ausschließlich an der eigenen inneren Überzeugung, die bei beiden Personen sehr unterschiedlich ist. Wir wollen uns in diesem Buch auf die Möglichkeiten konzentrieren, die dem Menschen zur Verfügung stehen, der ein erfülltes Leben führt.

Mein größter Wunsch ist, dass Sie ein großartiges Leben führen können, welches Ihnen Alles ermöglicht, wovon Sie träumen. Sie verdienen ein wundervolles Leben und nun geht es endlich los mit Kapitel 1.

Kapitel 1: Wie Sie sich täglich selbst coachen können

DIE ENERGIE FOLGT DER AUFMERKSAMKEIT

Worauf Sie Ihre Aufmerksamkeit, also Ihre Gedanken richten, das ziehen Sie wie ein Magnet an. Richten Sie also Ihre Aufmerksamkeit auf Sorgen, so ziehen Sie noch mehr davon an. Das ist quantenphysikalisch bewiesen. Meinen Tag beginne ich grundsätzlich mit einem positiven Gedanken. Schon der erste Gedanke nach dem Aufstehen ist entscheidend für den weiteren Verlauf Ihres Tages. Unterschätzen Sie das bitte nie. Mein erster Gedanke, wenn ich die Augen öffne: **Danke, dass ich gesund bin, Danke, für diesen neuen und schönen Tag.** Wenn ich ins Badezimmer gehe, denke ich im Stillen noch darüber nach, wofür ich heute dankbar bin. Das kann sein: Meine Zahnbürste, mein Rasierapparat, das fließend warme Wasser, mein Körper (Nase, Ohren, Haare, Augen usw.). Wenn wir mehr darüber nachdenken, gibt es so viele Selbstverständlichkeiten (Kaffee per Knopfdruck, ein gutes Frühstück, die Familie, gute Freunde , nette Kollegen …), für die wir so unglaublich dankbar sein dürfen.

„Leider lässt sich eine wahrhafte Dankbarkeit mit Worten nicht ausdrücken."
Johann Wolfgang von Goethe

MOTIVATIONSPRINZIPIEN

1. Prinzip: Etwas tun um Schmerz- und Fehler zu vermeiden

Wie oft tun wir etwas nur um Fehler oder Schmerz zu vermeiden? Ich kann da aus eigener Erfahrung sprechen. Nur wenn es anfängt, richtig weh zu tun, dann komme ich in Bewegung. Das kann sein: Einen Termin auf den letzten Drücker zu bearbeiten, weil sonst viele lästige Anrufe kommen. Endlich die Steuerklärung machen, bevor die 3. Mahnung kommt. Mit dem Partner offen reden, wenn ich schon kurz vor der Trennung stehe. Dem Chef die gewünschten Daten liefern, so dass ich keinen weiteren unangenehmen Termin bei ihm bekomme. Sicher fallen Ihnen auch noch einige gute Beispiele dazu ein, die Liste lässt sich doch beliebig erweitern.

Fazit: Bevor es nicht richtig weh tut, bekommen wir den Hintern einfach nicht hoch!

Dieses Prinzip wenden wir leider sehr oft unbewusst an.

2. Prinzip: Etwas tun aus Fülle, Freude, Liebe und Spaß

Ganz anders ist es beim 2. Prinzip. Hier haben Sie Lust und Freude etwas zu tun. Sie können es gar nicht erwarten damit anzufangen, soviel Spaß haben Sie daran. Was machen Sie nicht alles, wenn Sie total verliebt sind? Können Sie sich daran noch erinnern, auch wenn es schon lange her ist?

Wenn ein Mensch in seiner Aufgabe aufgeht, dann gibt es keine Arbeitszeit für ihn. Er tut, was er liebt, stundenlang mit voller Hingabe und entwickelt dabei eine unglaubliche Energie. Deshalb würde es doch Sinn machen, künftig selbst zu entscheiden, welches Motivationsprinzip Sie anwenden. Natürlich gibt es auch Aufgaben im Leben, die Sie nicht in diese Begeisterung versetzen. Doch es gibt sicher einige Möglichkeiten, auch diese Aufgaben mit mehr Spaß zu verrichten.

DANKBAR IN DEN TAG STARTEN

Dankbarkeit übt eine unglaublich positive Energie aus. Wenn wir für gute Dinge dankbar sind, dann erhalten wir automatisch noch mehr davon. Dies lehrt uns ja das Gesetz der Anziehung. Das, was wir aussenden, kommt unweigerlich zu uns zurück. Das Leben ist wie ein Bumerang: **Alles kommt garantiert zurück!** Was passiert also, wenn wir aufstehen und uns den Fuß anhauen? Womöglich schimpfen wir noch dabei, was für ein blöder Tag das heute ist. Dein Wunsch ist mir Befehl, schallt es nun ganz laut aus dem Universum zurück und dieser Tag wird dann tatsächlich nicht mehr sehr prickelnd. Doch wir haben es mit den unbedachten Gedanken selbst ausgelöst, so ist es nun mal. Deswegen seien Sie bitte besonders achtsam am Morgen unmittelbar nach dem Aufstehen und denken Sie hier besonders liebevolle oder dankbare Gedanken. Wenn es etwas gibt, wofür ich von ganzem Herzen dankbar bin, dann ist es alleine schon die Tatsache, dass ich in einem Land lebe, indem ich frei entscheiden kann was mein eigener Weg ist. Nach der Morgentoilette frühstücke ich erst einmal in aller Ruhe und stelle mir dabei vor, wie harmonisch mein ganzer Tag abläuft.

„Dankbarkeit ist der Schlüssel für ein richtig geiles Leben."
Ralf Michael

BEWUSSTE ABSICHTEN SETZEN

Ich setze, quasi schon bevor ich den Tag beginne, in Gedanken voraus, dass alles wunderbar klappt. Nicht etwa weil ich ein unverbesserlicher Optimist bin, sondern weil ich genau weiß, dass ich hier ganz bewusst eine Absicht setze. Ich erlaube mir praktisch, dass der Tag gut verläuft. Und wissen Sie was: Genau so ist es dann auch. Für mich persönlich ist es sehr wichtig, dass ich in Ruhe und ohne Hektik in den Tag starte. Ist Ihnen schon einmal aufgefallen, wie manche Menschen den Tag beginnen? Mürrisch, schlecht gelaunt und wenig optimistisch. Schenken Sie Ihnen ein Lächeln oder aufmunternde Worte und bleiben Sie bei der eigenen Absicht, einen positiven Tag zu erleben.

"Bewusste Absichten bewirken genau das, was Du willst."
Ralf Michael

ZIELE TÄGLICH BEWUSST MACHEN

Anschließend nehme ich mir noch die Zeit einen Blick auf meine Zielkärtchen zu werfen. Das sind so kleine Karten auf denen ich meine 3 wichtigsten Ziele notiert habe. Falls Sie selbst noch keine Ziele gesetzt haben, oder auf der Suche nach passenden Zielen sind, dann ist das nicht tragisch. Dem wichtigen Thema **„Ziele setzen"**, habe ich ein eigenes Kapitel gewidmet. Hier erfahren Sie, welche Fragen Sie sich vor jeder Zielsetzung stellen sollten, wie Ziele richtig für unser Unterbewusstsein formuliert werden und wie Sie überprüfen können, ob die Ziele überhaupt stimmig für Sie sind. Meine Ziele stelle ich mir sehr bildlich und als bereits erreicht vor. Ich verinnerliche damit, weshalb ich optimistisch und motiviert in den Tag gehe.

„Der Langsamste, der sein Ziel nicht aus den Augen verliert, geht immer noch geschwinder als der ohne Ziel umherirrt."
Gotthold Ephraim Lessing

SELBSTMOTIVATION

Ich habe für mich festgestellt, dass ich einen oder mehrere richtig gute Gründe benötige, um stets wieder das Beste zu geben. Das gibt mir einfach die nötige Energie und Motivation, bevor der Arbeitstag losgeht und ich dann auch, wie so viele Menschen, das eine oder andere unbewusst im Autopilot-Modus erledige. Tagsüber versuche ich meine positive Grundeinstellung beizubehalten, komme was wolle. Wenn ich die Möglichkeit dazu habe, halte ich kurz inne und lese mir die Kärtchen mit meinen wichtigsten Zielaffirmationen durch. Wenn ich abends nach Hause komme, dann lasse ich erst den Tag noch mal Revue passieren und genieße dann in Ruhe mein leckeres Abendessen.

„Eine mächtige Flamme entsteht aus einem winzigen Funken."
Dante Alighieri

ZUR RUHE KOMMEN

Danach nehme ich mir 15 bis 30 Minuten ungestörte Zeit um richtig zu entspannen. Das kann eine geführte Meditations-CD sein, ein Buch zum Lesen oder möglicherweise einfach nur entspannende Musik. **Wichtig ist: Kein Telefon, kein Handy, kein Fernseher, Computer oder sonstige Störungen.** In dieser „Entspannungszeit" lasse ich die Gedanken einfach nur kommen und gehen und bewerte diese nicht. Störende Gedanken setze ich gedanklich auf eine Wolke und lasse sie ganz einfach davon fliegen. Diese Vorstellung hilft mir, unnötigen Ballast abzuwerfen.

„Ab und zu relaxen ist super, das macht Dich wieder fit für große Aufgaben. Entspannt und gelassen zu arbeiten ist eine sehr große Kunst."
Ralf Michael

DANKBARKEITSBUCH NUTZEN

Dann notiere ich mir mindestens 10 Dinge, für die ich dankbar bin, in meinem Dankbarkeitsbuch. Diese Übung finde ich einfach klasse und ich wähle hier oft auch nur ganz einfache Dinge. Schon wenn ich es aufschreibe, erzeugt das ein sehr positives Gefühl in mir. Interessant wird es dann wieder, wenn ich bewusst für etwas dankbar bin, was erst am nächsten Tag passieren soll. Hört sich das sehr verrückt an? Ganz ehrlich, ich finde das auch verrückt. Doch ich habe selbst schon oft genug erlebt, dass es bei mir genau so funktioniert.

„Dankbarkeit = Das Gedächtnis des Herzens."
Jean-Baptiste Massillon

DANKBARKEIT ZEIGEN

Wenn etwas Ihr Leben entscheidend verbessern kann, dann ist es die große Macht der Dankbarkeit. Aufrichtige Dankbarkeit ist so enorm wichtig. Beginnen Sie damit, vor allem sich selbst gegenüber dankbar zu sein. Schreiben Sie einfach alles auf, wofür Sie dankbar sein können. Wenn Sie das Gefühl haben, jemandem danken zu müssen, dann tun Sie es einfach von ganzem Herzen. Beginnen Sie damit, Familienmitgliedern, Freunde/innen, Arbeitskollegen/innen, Bekannten Ihren Dank auszusprechen. Genießen Sie dann selbst das schöne Gefühl, wenn sich jemand bei Ihnen bedankt. Denken Sie auch an viele Menschen, die Ihnen gute Dienste leisten. Der Postbote, der Busfahrer, die Arzthelferin, der Friseur, die Reinigungsfrau, um nur ein paar Beispiele zu nennen. Stellen Sie sich folgende Frage: **Wem kann ich heute dankbar sein?**

„Zeige aufrichtige Dankbarkeit, wo Du nur kannst. Es ist ein schönes Gefühl für Dich und die Anderen."
Ralf Michael

ALLES GESCHIEHT NACH IHREM GLAUBEN

Und es heißt ja auch nicht umsonst in der Bibel: **„Alles geschieht nach deinem Glauben!"** Ich setze beim Schreiben im Dankbarkeitsbuch also die Absicht (oder ich glaube), dass ich für etwas dankbar bin, was ja morgen erst geschehen soll. Je überzeugter ich dabei bin, desto besser funktioniert das dann auch. Mit überzeugt meine ich, es muss aus tiefem Herzen kommen und absolute Freude bei Ihnen auslösen. Wichtig ist dabei, nicht zu überlegen oder gar kontrollieren zu wollen, wie das Ganze passiert. Nein, seien Sie einfach von Herzen dafür dankbar, dass es passiert und dann wird es auch passieren. Wie, ist doch vollkommen egal, das haben Sie nicht zu entscheiden. Möglicherweise öffnen Sie sich ja für diesen Vorschlag und versuchen es am Anfang nur mit ganz kleinen Dingen. Wie wäre es mit einer Tasse Kaffee oder einem guten Parkplatz?

„Glaube an das Kleine, dann geschieht plötzlich das ganz Große."
Ralf Michael

POSITIV GESTIMMT EINSCHLAFEN

Ganz entscheidend für den nächsten Tag sind Ihre Gedanken unmittelbar vor dem Einschlafen, weil im entspannten Zustand kurz vor dem Schlafen die Tore zum Unterbewusstsein weit offen stehen. Deshalb sollten Sie wirklich niemals mit negativen Gedanken einschlafen. Das ist doch auch der Grund, weshalb gute Eltern Ihren Kindern schöne Geschichten zum Einschlafen vorlesen. Wenn Sie Streit mit dem Partner haben, versöhnen Sie sich unbedingt vor dem Einschlafen, schauen Sie keine aufregenden Filme oder schlechte Nachrichten vor dem Einschlafen an, denn diese „Suggestionen" sinken sonst direkt in das Unterbewusstsein und sorgen für schlechten Schlaf oder ein unerfreuliches Erwachen. Machen Sie es sich zur Gewohnheit, mit positiven Gedanken einzuschlafen und stellen Sie sich Ihre Ziele als bereits verwirklicht vor.

"Den Seinen gibt's der Herr im Schlaf!"
Bibel Psalm 127 (1-2)

DER PERFEKTE TAG

Seit ich diesen Tagesablauf einhalte, gibt es bei mir keine wirklich „schlechten Tage" mehr. Und wenn dann mal tatsächlich etwas nicht so toll läuft, dann fällt mir schon etwas Lustiges ein, was mir hilft, sehr schnell wieder gut gelaunt zu sein. Mein „Selbstcoaching" kostet mich morgens und abends je eine halbe Stunde Zeit, manchmal auch einige Minuten mehr. Doch das ist es mir absolut wert. **Es gibt einfach nichts Besseres als positiv gestimmt in jeden neuen Tag zu gehen. Stellen Sie sich jeden neuen Tag meinetwegen als den Beginn eines neuen Lebens vor.** Da würden Sie doch auch nicht schlecht gelaunt starten. Alles, was gestern war, können Sie doch sowieso nicht mehr ändern und schon gar nicht mit schlechter Laune. Der neue Tag kann nur so gut (oder auch so schlecht) werden, wie Sie im Voraus darüber denken. Was also wollen Sie? Einen guten oder einen schlechten Tag? Was wollen Sie wirklich?

„Wie dein Tag wird, entscheiden Deine Gedanken und Emotionen."
Ralf Michael

Auf den Punkt gebracht: SELBSTCOACHING

1.) Positive Gedanken morgens beim Aufwachen (Dankbarkeit)

2.) Gedanklich die positiven Ereignisse des Tages als bereits verwirklicht betrachten (Absicht setzen)

3.) Fokussierung auf die 3 wichtigsten Ziele (Visualisierung)

4.) Tagsüber kleine Auszeiten gönnen (Zielkärtchen)

5.) Abends 15 bis 30 Minuten Entspannung

6.) 10 Sätze ins Dankbarkeitsbuch schreiben. „Ich bin so dankbar und glücklich, weil..."

Werkzeugkasten:

1.) Zielkarten

2.) Dankbarkeitsbuch

3.) Meditations-CD

IM UNTERBEWUSSTSEIN SPEICHERN

Wenn Sie die oben angeführten Punkte täglich mindestens 21 Tage ohne Unterbrechung durchführen, dann geht dieser Tagesablauf in Fleisch und Blut über und wird zu einer festen Gewohnheit. Warum ist das so? Ihr Unterbewusstsein benötigt mindestens 21 Tage, um eine neue Gewohnheit dauerhaft abzuspeichern. Das ist eine wissenschaftliche Tatsache.

„Es gibt keine schlechten Tage, nur unser Denken und unsere eigene Überzeugung sorgen dafür, ob ein Tag gut oder schlecht ist."
Ralf Michael

Damit haben wir doch schon das **R** vom **RALF-Prinzip** gefunden:

R= RICHTIG DENKEN UND HANDELN

Alles hängt von Ihrer Betrachtungsweise ab.

Hilfreiche Fragen:

Welche Tipps aus dem ersten Kapitel sollte ich für mich übernehmen? Wie kann ich mir regelmäßig positive Gedanken zur festen Gewohnheit machen? Welche festen Zeiten im Tagesablauf kann ich nur für mich reservieren? Wie und wo kann ich am besten entspannen? Welche Freunde tun mir wirklich gut, welche eher nicht? Was für Botschaften darf mein Unterbewusstsein empfangen und welche besser nicht? Was fühlt sich für mich richtig an? Was will ich wirklich? Wie stelle ich mir mein ideales Leben vor? Wie kann ich mich besser auf die Dinge konzentrieren, die mir wichtig sind? Für welche Selbstverständlichkeiten kann ich von Herzen dankbar sein? Welche Absichten möchte ich täglich setzen?

Leben Sie ihr Leben oder das der Anderen?

Kapitel 2: Wie Sie Partnerschaft, Familie und Beruf managen

Schaffen Sie den Spagat zwischen Partnerschaft, Familie und Beruf? Dieses Thema ist ein zentrales Thema in Ihrem Leben. **Work-Life-Balance** heißt das oft zitierte Schlagwort, wenn es darum geht, Ausgewogenheit in allen Lebensbereichen zu erreichen. Ist dies überhaupt möglich?

EINE SPANNENDE AUFGABE

Es ist zumindest eine recht sportliche Aufgabe, mit der man sich regelmäßig beschäftigen darf. Was nützt es dem super erfolgreichen Manager, wenn er ein Spitzengehalt verdient und im Gegenzug dabei seine Familie oder gar Gesundheit opfert? Vielleicht setzt er dann das mehr verdiente Geld dazu ein, um seine ruinierte Gesundheit wieder herzustellen. Das kann nicht das Ziel sein, oder?

DER PARTNER IST TEIL DER SEELE

Zu einer Partnerschaft gehören immer zwei Personen. Der andere wird zum Teil Ihrer Seele, wenn Sie einige Zeit zusammen sind. Das ist auch der Grund dafür, weshalb Trennungen so schmerzhaft sein können.

30 JAHRE MIT EINEM PARTNER

Ich gehöre zu den seltenen Exemplaren, die schon sehr lange zusammen mit dem gleichen Partner sind. Seit 30 Jahren kennen wir uns, seit 27 Jahren sind wir verheiratet. Niemand aus unserer früheren Clique hätte damals gedacht, dass wir so lange zusammen bleiben. Doch wir haben es als Einzige geschafft. Keine Sorge, wir sind überhaupt nicht das perfekte Paar. Es gab genug Situationen, in denen wir uns hätten trennen können, doch wir haben uns immer irgendwie zusammengerauft. Gerade die schwierigen Lebensabschnitte, die wir gemeinsam überstanden haben, machten unsere Partnerschaft noch stärker. Dafür bin ich sehr dankbar.

„Das Geheimnis einer glücklichen Ehe besteht darin, in allen Lebenslagen zusammenzuhalten und aus kleinen Schwierigkeiten keine allzu großen werden zu lassen."
Ralf Michael

VIELE EHEN BESTEHEN AUS SCHWEIGEN

Oftmals im Leben gibt man sich gegenseitig Schuld, viele Ehen bestehen nur aus Schweigen. Es ist wenig Zeit füreinander da, wenn einer der Partner nur seinen Beruf im Kopf hat. Das Schlimmste in einer Partnerschaft ist für mich, wenn sich die Partner gegenseitig überhaupt nichts mehr zu sagen haben. Natürlich bleiben da auch Zärtlichkeit und Sexualität auf der Strecke.

„In manchen Fällen ist Schweigen die bessere Option, bevor Du Dich um Kopf und Kragen redest. Über die wichtigen Dinge in der Partnerschaft darfst Du ab und zu schon mal reden."
Ralf Michael

EIN STARKER PARTNER IM RÜCKEN

Wenn Sie im Beruf erfolgreich sein wollen, benötigen Sie einen starken Partner im Rücken oder ein intaktes Familienleben.

Wissen Sie das ausreichend zu schätzen? Beziehen Sie Ihren Partner in Ihre Pläne mit ein? Haben Sie eine gemeinsame **„Lebensüberschrift"** oder ist es nur Ihre eigene Vision, die Sie leben wollen? Welche Rolle haben Sie, welche Ihr Partner? Welche gemeinsamen Ziele haben Sie? Wie viel Zeit verbringen Sie wirklich gemeinsam?

„Je stärker wir sind, desto unwahrscheinlicher ist der Krieg."
Otto von Bismarck

STREITEN SIE RUHIG MAL

Stellen Sie sich solche oder andere gute Fragen regelmäßig und greifen Sie auch ungeliebte Themen dabei an. Zur Not streiten Sie auch mal richtig miteinander und sprechen Sie die Dinge an, die Ihnen wichtig sind. Streiten ist übrigens dann gar nicht so schlecht, wenn danach eine schöne Versöhnung folgt. Der wichtigste erste Schritt ist:

Reden Sie miteinander und zwar offen und ehrlich.

GESPRÄCHE SIND WICHTIG

Möglicherweise haben Sie keine Lust mehr miteinander zu reden, weil es ja doch nur wieder mit Geschrei und Vorwürfen endet. Kennen Sie diese Situation?

„In Partnerschaften muss man sich manchmal streiten, denn dadurch erfährt man mehr voneinander."
 Johann Wolfgang von Goethe

GESPRÄCHSREGELN

Dann vereinbaren Sie doch einfach ein paar Gesprächsregeln. Es gibt ein sogenanntes Zwiegespräch. Dieses Gespräch wurde von Dr. Michael Lukas Möller entwickelt und gilt als Selbsthilfemethode für Paare. Für das Zwiegespräch benötigen Sie absolute Ruhe und Ungestörtheit. Schalten Sie alle Störungen (Telefon, Fernseher, Computer) ab. Setzen Sie sich gegenüber, denn Vieles wird visuell übermittelt. Jeder bekommt nun 15 Minuten Redezeit. Der andere darf nur zuhören, nicht unterbrechen oder

Fragen stellen. Jeder erzählt, was ihn derzeit am meisten bewegt. Wenn Sie über den Anderen sprechen, dann nicht wertend. Der Unterschied zu einem Streitgespräch ist enorm, da hier wirklich jeder gleich zu Wort kommt. Probieren Sie es einfach mal aus.

KEIN KLATSCH UND TRATSCH

Reden Sie niemals schlecht vor Anderen über Ihren Partner. Egal was vorgefallen ist, reden Sie vor Außenstehenden niemals schlecht über Ihren Partner. Das ist für mich eines der wichtigsten „Erfolgsgeheimnisse" langjähriger Ehen. Solche Dinge werden zu Hause unter vier Augen besprochen.

„Klatsch = Das einzige Geräusch, das schneller ist als der Schall."
Unbekannt

DAS ZWIEGESPRÄCH

Wenn gar kein vernünftiges Gespräch mehr zustande kommt, wenden Sie einfach die Methode „Zwiegespräch" an. Kein noch so guter Freund kann Ihnen zu ihrer Partnerschaft passende Ratschläge geben. Er kennt nämlich dann nur Ihre subjektive Meinung dazu. Diese Themen können nur Sie gemeinsam mit Ihrem Partner bereden, oder wenn es gar nicht mehr anders geht mit einem geschulten Experten für Partnerschaftsfragen. Nur ein unvoreingenommener Dritter kann Verhaltensmuster erkennen, die für beide Partner gar nicht ersichtlich sind.

DER WUNSCHPARTNER

Wie schön wäre es doch, wenn man den Partner nach seinen eigenen Wünschen verändern könnte? Wenn der Partner genau so wäre, wie Sie sich das eben vorstellen. Stopp! Vergessen Sie das ganz einfach. Das funktioniert nicht. Ihr Partner wird sich Ihnen zuliebe vielleicht eine Zeit lang verstellen, aber wird er/sie sich dabei wohl fühlen? Natürlich nicht. Jeder ist eine eigene Persönlichkeit mit all seinen Stärken und Schwächen und das ist auch gut so. **Versuchen Sie nicht Ihren Partner nach Ihren Wünschen zu verändern.**

AKZEPTIEREN SIE SCHWÄCHEN

Lernen Sie die Schwächen und Eigenarten Ihres Partners zu lieben. Gerade das macht den Partner ja so einzigartig, auch wenn es natürlich nicht immer Ihrer eigenen Vorstellung entspricht. **Wenn Sie Ihre Partnerschaft verbessern wollen, verbessern Sie sich selbst.** Da es ganz sicher nicht funktioniert, Ihren Partner grundlegend zu verändern, ist dies die einzige sinnvolle Möglichkeit.

„Die Schwächen deines Partners können etwas ganz Besonderes sein. Ich liebe Menschen mit Schwächen sehr."
Ralf Michael

KRITISIEREN SIE NICHT

Anstatt zu schimpfen und zu kritisieren, drehen Sie doch einmal den Spieß um. Fragen Sie sich einfach: Was kann und will ich verändern, damit meine Partnerschaft wieder richtig gut läuft? Was ist mein eigener Beitrag für eine gute Partnerschaft? Dann tun Sie es in kleinen Schritten und beobachten dann ganz bewusst, was sich alleine dadurch schon ändert.

"Jeder, der einen anderen schlechter macht, wird es dadurch selbst."
Seneca

WERDEN SIE SELBST DER TRAUMPARTNER

Versuchen Sie selbst der Partner zu sein, den Sie sich erträumen, mehr können Sie nicht tun. Nun kann Folgendes passieren: Ihr Partner wird erstaunt sein und sich ebenfalls positiv verändern. Gleiches zieht Gleiches an, es funktioniert! **Kritisieren und nörgeln Sie nicht!** Wird sich etwas verbessern, wenn Sie unentwegt kritisieren und nörgeln? Mit Sicherheit nicht, es wird nur noch schlimmer werden. Dafür sorgt das Gesetz der Anziehung ganz präzise. Das, was Sie aussenden, kehrt verstärkt zu Ihnen zurück. Sie haben in dem Punkt absolut keine Chance, so funktionieren nun einmal unsere universellen Lebensgesetze. **Verzichten Sie einfach mal eine Woche auf tratschende, kritische und in Ihrem Leben.**

DEN IDEALEN PARTNER FINDEN

Wenn Sie den idealen Partner noch suchen, oder bisher nur Enttäuschungen erlebt haben, dann gibt es überhaupt keinen Grund zu resignieren. Es gilt nur folgende Voraussetzungen zu schaffen: Machen Sie Ihr Herz und Ihren Geist frei von alten Verletzungen, schlechten Gefühlen und negativen Gedanken. Ändern Sie die bisherige Frequenz. Sie wissen ja, Sie ziehen genau das an, was Ihrer Frequenz entspricht. Ich weiß, es ist nicht einfach, besonders wenn man schon einige Enttäuschungen erlebt hat. Doch vertrauen Sie mir einfach. Es hat wirklich sehr viel mit Ihren Gedanken und unterbewussten Erwartungen zu tun.

WIESO FINDE ICH DEN RICHTIGEN PARTNER NICHT?

Warum ziehen manche Frauen immer wieder einen Alkoholiker, einen Mann der sie schlägt, oder einfach nicht den passenden Partner an? Weshalb werden sie immer wieder auf die gleiche Weise verletzt? Ist es einfach nur Pech? Nein, diese Frauen haben nicht nur ständig Pech mit

Männern, sondern sie ziehen haargenau das an, was sie unbewusst erwarten oder woran sie regelmäßig denken. Hören Sie diesen Frauen (natürlich können es umgekehrt auch Männer sein, die Pech mit Frauen haben) doch mal genauer zu.

SELBSTERFÜLLENDE PROPHEZEIUNG

Reden sie überwiegend positiv über Männer? Eher nicht, oder? Sagen sie möglicherweise solche oder ähnliche Sätze: *„Immer ziehe ich solche Männer an!"* oder *„Männer sind alle gleich, es gibt ja doch nicht den Richtigen für mich!"* oder *„Ich habe einfach nur Pech mit Männern!"* Diese Sätze werden oft genug gesprochen dann zu einer selbst erfüllenden Prophezeiung. Selten sagen oder glauben sie noch etwas Positives über die Männer, weil sie vielleicht schon zu sehr enttäuscht wurden. Und es geschieht dann leider weiterhin exakt nach Ihrem Glauben, der nächste Mann wird wieder so sein. Selbstverständlich ist dieser Frau aus dem Beispiel das unterbewusste Muster nicht bewusst.

ÄNDERN SIE DIE FREQUENZ

Vielleicht ist der Mann, mit dem die Frau sehr glücklich sein könnte, schon längst da, doch die Frau kann ihn überhaupt nicht wahrnehmen, außer sie ändert ihre Frequenz (Denkweise). Die richtige Denkweise

könnte sein: *"Ich spüre, wie sich mein Traummann mir zuwendet. Er ist ehrlich, liebevoll, zärtlich, friedlich und großartig (oder was Ihnen sonst noch gefällt). Er will mich so, wie ich bin und ich will ihn auch nicht ändern. Es wird Möglichkeiten geben, die uns zusammen führen."* Die Liebe, die Sie überzeugt und regelmäßig in Gedanken schenken, werden Sie dann auch erleben. Die gleichen Regeln gelten natürlich umgekehrt auch für Männer, die solche Enttäuschungen erleben, oder den Traumpartner noch nicht gefunden haben. Achten Sie daher sehr genau auf unbewusste Muster, die bisher verhindern konnten, den idealen Partner zu finden. Dies kann Ihr Leben ab heute entscheidend verändern. *"Denke nur das Beste über deinen zukünftigen Partner/in, oder willst Du den gleichen Mist schon wieder erleben, wie in den vergangenen Beziehungen?"*
Ralf Michael

EIFERSUCHT

Kontrollieren Sie das Handy, SMS oder die E-Mails des Partners oder der Partnerin? Haben Sie oft Angst vom Partner verlassen zu werden, oder nicht gut genug zu sein? Vermuten Sie Untreue bei Ihrem Partner?

Spionieren Sie dem Partner hinter her? Wenn Sie schon eine dieser Fragen mit JA beantwortet haben, dann leiden Sie unter Eifersucht. Eifersucht ist ein negatives und in den meisten Fällen vollkommen unbegründetes Gefühl. Es ist geistiges Gift und treibt den Partner förmlich in die Arme eines anderen. Im schlimmsten Fall rufen Sie es selbst durch Ihre Gedanken so lange herbei, bis es dann geschieht. Auch hier wirkt das Gesetz der Anziehung dann sehr präzise.

VERLUSTÄNGSTE UND KONTROLLDRANG

Eifersucht entsteht durch Verlustängste und Kontrolldrang. **Eifersucht bedeutet, dass Sie Selbstzweifel und geringe Selbstachtung haben.** Selbstvertrauen ist der beste Schutz vor Eifersucht. In Wahrheit gibt es keine Gründe eifersüchtig zu sein. Sie können einen Partner in jedem Falle nicht dazu zwingen, bei Ihnen zu bleiben, das entscheidet nur er oder sie selbst. Nur die eigenen misstrauischen und ängstlichen Gedanken lösen die Eifersucht aus, nicht der Partner.

"Eifersucht macht das Leben vieler Menschen total stressig! Auf diese Art Stress kann ich verzichten."
Ralf Michael

DREHEN SIE DIE SITUATION UM

Drehen Sie die Situation einfach um. Es ist ein guter Trick genau umgekehrt zu reagieren, als Sie es normalerweise machen würden. Probieren

Sie es doch einfach mal aus. Ein Beispiel zum Thema Kritik. Ihr Partner nervt Sie in vielen Punkten, so dass Sie jetzt normalerweise wieder kritisieren möchten. **Stoppen Sie jetzt Ihre Gedanken der Kritik!** Wählen Sie bitte nun einen Punkt aus, der Ihnen an Ihrem Partner vielleicht sogar gut gefällt und loben Sie diesen. Ich weiß, es kann schwierig sein, wenn man viele negative Punkte sieht, dann den einzigen positiven Punkt zu finden. Bitte machen Sie sich die Mühe trotzdem und finden Sie ihn. Dann sprechen Sie ein ehrlich gemeintes Lob zu dem positiven Punkt aus und verkneifen Sie sich den ausführlichen Hinweis auf die negativen Punkte. Nun beobachten Sie: **Das Positive wird sich verstärken und kehrt ebenfalls verstärkt zu Ihnen zurück.**

MANCHE PROBLEME SIND UNNÜTZ

Wenn uns diese Gesetzmäßigkeit noch besser bewusst wäre, dann würde es so manches Problem gar nicht geben. Über die Partnerschaft könnte ich wahrscheinlich ein eigenes Buch verfassen, so individuell und komplex ist dieses Thema. Die oben angeführten Punkte sind aus meiner Sicht und nach meiner bisherigen Lebenserfahrung sehr wichtig, deshalb wollte ich diese mit Ihnen teilen. Gerade beim komplexen Thema Partnerschaft kann Ihnen ein Coach als unvoreingenommener Dritter wertvolle Impulse geben.

„Kritisierende Worte können so verletzend sein wie ein scharfes Schwert! Die Wahl der Worte ist entscheidend."
Ralf Michael

WIE DENKEN SIE ÜBER DEN PARTNER?

Wenn nur einer dieser Punkte Ihnen weiterhilft, dann würde mich das sehr freuen. Ihr Partner kann nur so gut sein, wie Sie über ihn denken. Deshalb denke ich über meine Frau Silvia folgendes: *„Meine Frau ist die ideale Frau für mich, weil Sie mich so gut kennt und genau weiß, wie sie mit meinen Schwächen umgehen kann. Nicht jede Frau würde es mit mir aushalten und Silvia hat es jetzt schon 30 Jahre geschafft, dafür bin ich sehr dankbar und ich weiß genau, was ich an ihr habe. Sie schätzt mich und ich schätze sie und doch lassen wir uns genügend Freiraum, so dass jeder auch sein eigenes Leben führen kann."*

Auf den Punkt gebracht: PARTNERSCHAFT

1.) Reden Sie miteinander und zwar offen und ehrlich

2.) Reden Sie niemals schlecht vor anderen über Ihren Partner

3.) Versuchen Sie nie Ihren Partner zu verändern

4.) Wenn Sie die Partnerschaft verbessern wollen, dann verbessern Sie zuerst sich selbst

5.) Kritisieren und nörgeln Sie nicht

6.) Lieben Sie sich selbst, dann werden die anderen Sie lieben

7.) Achten Sie beim Partner auf das, was Sie an ihm schätzen

8.) Zweifeln Sie nicht am Partner, arbeiten Sie an Ihrem Selbstwert

Werkzeugkasten:

1.) Zwiegespräch Dr. Möller nutzen

2.) Tipps zur Partnerschaft auf Karteikarten schreiben

3.) Reservieren Sie täglich Zeit, z.B. für Gespräche

„Liebe bedeutet für mich: Den Partner so zu lieben, wie er ist, und mit ihm gemeinsam einen Lebenssinn zu suchen und zu finden."
Ralf Michael

Hier haben wir schon das **A** vom **RALF-Prinzip**.

A = AUFREGEND, ATTRAKTIV LEBEN UND LIEBEN

DER EIGENE BLICKWINKEL

Sie erfahren alle Themen natürlich aus meinem ganz speziellen Blickwinkel. Jeder Mensch hat ja bekanntermaßen „seine eigene Welt" oder die Landkarte ist nicht das Gebiet, wie NLP-Fachleute zu sagen pflegen. Alle Menschen haben bestimmte Filter der Wahrnehmung. Man spricht auch von Metaprogrammen. Beim Studium unzähliger Bücher ist mir aufgefallen, dass Vieles ähnlich ist und es immer wieder die gleichen Gesetzmäßigkeiten gibt.

WÄHLEN SIE DAS PASSENDE AUS

Es ist immer wieder hochinteressant die Sichtweise des jeweilgen Autors kennen zu lernen. Mehrmals ist es mir so ergangen, dass ich zwar in zahlreichen Büchern zu einem bestimmten Thema etwas gelesen habe, doch so richtig verstanden habe ich es dann nur bei einem ganz speziellen Beispiel. Deshalb ist es mein Anliegen, Ihnen einige praktische Beispiele und Tools an die Hand zu geben, mit denen ich persönlich etwas anfangen konnte. Ihre Aufgabe ist es, das für Sie Passende auszuwählen. Nun noch eine Geschichte aus meinem Leben, zum Thema Partnerschaft. **Ihre Partnerschaft wächst auch mit den Situationen, die Sie gemeinsam bewältigen.**

MEINE EIGENE GESCHICHTE

Meine schwierigste Situation war der Selbstmord meines geliebten Sohnes. Können Sie sich vorstellen, was es bedeutet, wenn sich Ihr Sohn mit 21 Jahren das Leben nimmt, wegen Liebeskummer? Es ist die härteste Prüfung, die es geben kann! Ich dachte, meine ganze Familie zerbricht daran! Die Welt schien für uns ab diesem Tag sinnlos zu sein! Meine Frau und ich haben die Trauer auf höchst unterschiedliche Art und Weise bewältigt.

EIGENE GRENZEN ÜBERSCHREITEN

Ich bin offen damit umgegangen und habe versucht, meinen Lieben Halt zu geben und das Ganze irgendwie zu verarbeiten. Meine Frau hat geweint und geweint, ich musste sehr stark bleiben, auch meiner Tochter zuliebe. Ich musste jetzt meine eigenen Grenzen überschreiten. Wir haben nächtelang diskutiert, geweint, gestritten, gelitten, geschrien und irgendwann konnten wir einfach nicht mehr. Wir konnten damals nur noch planen, den heutigen Tag irgendwie zu überstehen.

„Lebe im JETZT, dann hast Du alles, was Du brauchst."
Ralf Michael

Damals brauchte ich genau diese Kraft im Jetzt, um das alles zu verkraften.

DAS FEHLENDE GEGENSTÜCK

Meine Frau war lange Zeit sehr negativ eingestellt und voller Hass, ich versuchte weiterhin positiv zu bleiben. Die Reaktion meiner Frau war natürlich verständlich, denn für Silvia war unser Alex einfach Ihr ein und alles. Meine Frau sagte einmal: **„Du kannst dich glücklich schätzen, denn Du hast dein Gegenstück noch, ich habe meines nicht mehr!"** Mit meinem Gegenstück meinte sie meine Tochter Steffi, die mir sehr ähnlich ist. Unser Sohn war meiner Frau sehr ähnlich, deshalb ist sie innerlich so leer, weil sie ihn so sehr vermisst. Gegensätze ziehen sich an, die Pole Minus und Plus gleichen sich aus, heißt es ja nicht ohne Grund. Bei uns fehlt nun ein Pol in der Familie, das ist für uns immer noch die härteste Prüfung des Lebens.

„Wenn Du vom Leben richtig was auf die Fresse bekommst, schüttle dich kräftig durch, werde noch viel stärker und mach weiterhin nur dein Bestes. Mehr kannst Du jetzt nicht tun."
Ralf Michael

WIE GROSS IST DAS PROBLEM?

Deshalb habe ich heute kein Verständnis mehr für die „angeblichen Probleme" von vielen Menschen. Fragen Sie sich künftig bei jedem Problem: **Wie groß ist denn das „Problem" auf einer Skala von 1 – 10?** Die 10 steht dann für so einen Fall, wie der Tod meines Sohnes. Doch dieser brutale Schicksalsschlag hat unsere Familie auch unglaublich zusammen geschweißt.

VERSCHÄRFTE WAHRNEHMUNG

Wenn es überhaupt einen Sinn bei so etwas gibt, dann ist es rückblickend die Tatsache, dass man als Person unglaublich stark werden kann und die Familie im Idealfall zusammenhält. In so einer Ausnahmesituation lernen Sie auch viele Menschen ohne Masken kennen. In positiver und sowie auch in negativer Hinsicht. Vielleicht liegt es daran, dass man dann über nahezu unmenschliche Kräfte verfügt und über eine absolut verschärfte Wahrnehmung. Über diese Wahrnehmung verfüge ich heute immer noch. Ich sehe und fühle Vieles noch intensiver, als vor diesem schlimmen Ereignis.

"Oft fühle ich Dinge, bevor die anderen es sehen können. Ich weiß es einfach."
Ralf Michael

DAS LEBEN BELOHNT SIE SPÄTER

Zugute kam mir in dieser Situation, dass ich mich schon einige Jahre zuvor intensiv mit dem positiven Denken beschäftigt hatte. Ich konnte es in dieser Situation nun plötzlich sehr gut gebrauchen. Was können Sie aus dieser Geschichte lernen? Egal welche Schicksalsschläge im Leben auf uns warten, es lohnt sich immer wieder aufzustehen. **Das Leben belohnt einen dann später wieder, wenn Sie einfach weiter machen, auch ganz besonders dann, wenn Sie glauben, es geht nicht mehr weiter!**

„Glaub an dich, mach einfach weiter, egal ob Du noch kannst oder nicht."
Ralf Michael

MEIN SOHN WAR EINZIGARTIG

Zum Glück hatte ich immer ein sehr gutes Verhältnis zu meinem Sohn und wir hatten auch keinen Streit, bevor er diese Entscheidung traf. Deshalb bin ich heute sehr dankbar, dass ich viele tolle Jahre mit ihm als Sohn, Sportkameraden, Kumpel, Arbeitskollegen und Freund erleben durfte. Denn genau das war mein Sohn Alexander in einer Person für mich. Wir haben in der gleichen Firma gearbeitet, sogar noch in der gleichen Fußballmannschaft gespielt, wir waren wie Freunde und Kumpels, dabei war ich gleichzeitig auch noch sein Vater. Ein Jahr vor dem Unglück waren wir noch gemeinsam im Urlaub. Es war ein herrlicher Urlaub mit der ganzen Familie in der Türkei. Ich habe diese wundervollen Jahre und gemeinsamen Erlebnisse jetzt für immer in meinem Gedächtnis und das kann mir auch Niemand mehr nehmen. An meinem rechten Oberarm trage ich nun ein Tattoo. Es ist ein wunderschönes Herz mit Flügeln. Es trägt die Aufschrift Alex...

"Mein Sohn ist jeden Tag bei mir, ein Teil seiner Seele ist in mir und das ist gut so."
Ralf Michael

MEHR KANN MAN NICHT VERLIEREN

Mehr kann man als Vater mit seinem Sohn nicht erleben, mehr kann man allerdings auch nicht mit einem Schlag verlieren!

Doch jetzt möchte ich über das wichtige Thema Familie schreiben.

FAMILIE

Der Mittelpunkt Ihres Lebens sollte die Familie sein. Ihre freie und unbeschwerte Zeit mit Partner und Kindern ist einfach unbezahlbar. Dennoch spricht überhaupt nichts dagegen, beruflich sehr erfolgreich zu sein, wenn sich dies nicht negativ auf die Partnerschaft oder Ehe auswirkt. Ich bin sehr dankbar, dass ich in einer friedlichen und harmonischen Familie aufgewachsen bin. Meine Eltern haben uns eine sehr schöne Kindheit ermöglicht.

„In einer friedlichen Familie kommt das Glück von selber."
Aus China

MEINE TOCHTER IST MEIN JUWEL

Meine Tochter Steffi ist eine einzigartige junge Frau und sie ist natürlich mein ganzer Stolz. Als Alex sich das Leben nahm, war sie so stark und hat 14 Tage, nachdem dies passiert war, noch mit Erfolg ihre Mittlere Reife abgeschlossen! Ich habe das als absoluten Wahnsinn wahrgenommen. Es war eine so unglaubliche Leistung, denn ihr Kopf konnte nach so einem Ereignis natürlich nicht frei sein. Anschließend hat sie dann ihre Ausbildung zur zahnmedizinischen Fachangestellten ebenfalls erfolgreich abgeschlossen.

"Erziehung bedeutet Beispiel und Liebe, sonst nichts."
Friedrich Fröbel

MEINE TOCHTER IST MEINE FREUNDIN

Zwischenzeitlich ist meine Tochter als Sachbearbeiterin im Einkauf bei mir in der Firma tätig und macht gerade eine Weiterbildung zur Wirtschaftsfachwirtin. Sie hat rechtzeitig erkannt, dass der zahnmedizinische Bereich nicht so ihr Ding ist. Aus diesem Grund hat sie etwas Neues gewagt und macht hier ihre Sache richtig gut. Steffi ist ähnlich wie mein Sohn damals, meine beste Freundin, meine Arbeitskollegin und wir können natürlich über alles reden. Sie legt sehr viel Wert darauf, gemeinsam mit mir auf Partys zu gehen, welcher Vater erlebt das schon! Das Leben darf doch auch Freude und Spaß machen.

Mein Tipps:

„Nehmen Sie nicht alles zu ernst, schon gar nicht das Leben!"
„Für meine Tochter würde ich alles tun, hoffentlich liest sie das Buch nie!"
Ralf Michael

ZEITPLANUNG MIT DEM PARETO-PRINZIP

Kennen Sie den Satz: **„Nie hast Du Zeit für mich!"** Zeitplanung heißt das große Zauberwort. Muss jedes Meeting wirklich sein? Lohnt sich jeder Messebesuch tatsächlich? Nutzen Sie doch beispielsweise das **Pareto-Prinzip**, welches besagt, dass 80 % der Ergebnisse eines Projektes in 20 % der Projekt-Zeit erreicht werden. 80 % der Gesamtzeit verursachen nur die meiste Arbeit. Deshalb könnten sehr viele Dinge bei genauerer Betrachtung in 20 % der Zeit genau so gut erledigt werden. Lernen Sie einen Blick dafür zu bekommen, was die lohnenden 20% sind und werfen Sie allen anderen Ballast zugunsten Ihrer Familie ab.

Deshalb mein Tipp:

Vereinfachen Sie, wo Sie nur können.

"Der Dummkopf beschäftigt sich mit der Vergangenheit, der Narr mit der Zukunft, der Weise aber mit der Gegenwart."
Nicolas Chamfort

WICHTIGE FRAGEN

Stellen Sie sich immer wieder die richtigen Fragen: Was passiert, wenn diese Tätigkeit nicht gemacht wird? Welche Tätigkeit könnte ich ohne Probleme abgeben? Würde ich das jetzt machen, wenn ich nur 6 Stunden am Tag zur Verfügung hätte? Was kann einfacher genau so gut erledigt werden?

Notieren und eliminieren Sie Ihre 10 größten Zeitdiebe und arbeiten Sie effektiv.

5 Zeitdiebe im Beruf:

1.) E-Mails

<u>Mein Gegenmittel:</u> Ich rufe nur 3 x täglich meine E-Mails auf (morgens, mittags und abends) und habe dabei den Vorteil, dass ich die Hälfte davon dann schon löschen kann, weil bereits erledigt oder unwichtig. Ich antworte nicht mehr auf alles ausführlich, ab und zu reicht ein kurzer Anruf und der Fall ist erledigt. Bei ganz dringenden Dingen erhalte ich ohnehin einen Anruf.

2.) Unordnung und Chaos auf dem Schreibtisch

<u>Mein Gegenmittel:</u>

Schreibtischfläche so gut wie möglich frei halten. Sauberes System mit Ablagekörbchen und Ordnern. Die Ablagekörbe werden wie folgt beschriftet: Eingang, Projekte, Heute erledigen, Informationen. Sortieren Sie alle Stapel regelmäßig nach Prioritäten. Eiliges sofort erledigen, dann kehrt schnell wieder Ruhe ein. B und C-Aufgaben möglichst delegieren. Informationen, Angebote usw. können Sie in digitaler Form schicken lassen und dadurch die Papierflut etwas eindämmen. Gleichartige oder zusammengehörige Vorgänge in Klarsichthüllen zusammenpacken und mit entsprechendem Stichwort beschriften.

3.) Zielloses Surfen im Internet

Mein Gegenmittel:

Suchen Sie gezielt nur solche Informationen, die Sie benötigen.

Natürlich kann man auch mal eine halbe Stunde einfach stöbern und surfen, doch dann wieder Konzentration auf das Wesentliche. Geben Sie in der Suchmaschine einen exakten Suchbegriff ein, dann werden Sie sehr schnell fündig und können dann wieder ausschalten.

4.) Unwichtige und endlose Besprechungen

Mein Gegenmittel:

Ich sage nur noch bei ganz wichtigen Themen zu. Bei den von mir abgesagten Besprechungen bitte ich darum, mir Infos per E-Mail oder ein Besprechungsprotokoll zukommen zu lassen.

5.) Telefon und ständige Erreichbarkeit

Mein Gegenmittel:

Bei Besprechungen und wichtigen Gesprächen wird das Handy grundsätzlich ausgeschaltet oder an einen Kollegen umgeleitet.

So wichtig ist niemand, dass er rund um die Uhr erreichbar sein muss.

„Es ist nicht wenig Zeit, die wir zur Verfügung haben, sondern es ist viel Zeit, die wir nicht nutzen."
Seneca

WAS GESCHIEHT MIT IHRER ZEIT?

Genauso, wie wir oft nicht wissen, wohin unser ganzes Geld verschwindet, fragen wir uns ziemlich oft, weshalb wir so wenig Zeit haben. Kommt Ihnen das Thema bekannt vor? Warum hat der Tag nur so wenig Stunden… Ähnlich wie wir uns beim Thema Geld einen Überblick über alle monatlichen Ausgaben verschaffen können, so sollten wir ebenso planvoll mit unserer wertvollen Zeit umgehen. Für mich gibt es nichts Wertvolleres als Zeit: **Zeit für Entspannung, Zeit für Urlaub, Zeit für Hobbys, Zeit für die Familie, Zeit für Freunde,** um nur einige Beispiele zu nennen. Deshalb notieren Sie nur mal eine Woche lang alle Viertelstunde, jeden Handschlag, den Sie machen. Notieren Sie ehrlich, was Sie tun. Keine Sorge, die Aufzeichnungen bekommt außer Ihnen ja niemand zu sehen.

„Mach nur ein oder zwei Dinge, die dafür richtig, und ziehe es bis zum Ende durch."
Ralf Michael

NOTIEREN SIE WIRKLICH ALLE ZEITABSCHNITTE

Beispiele: Duschen, Körperpflege, frühstücken, Haare föhnen, Zeitung lesen, Fahrt zur Arbeit, E-Mails beantworten, telefonieren, mit Kollegen plaudern, Unterlagen auf dem Schreibtisch suchen, Unterlagen kopieren, im Internet surfen, Fernsehen usw. Wenn Sie nun nach einer Woche die Auswertung machen, werden Sie die größten **Zeiträuber** kennen.

„Gib Zeitdieben überhaupt keine Chance, dazu ist Deine Zeit viel zu kostbar. Verschenke die gewonnene Zeit an Menschen, die Du liebst."
Ralf Michael

GESTALTEN SIE IHR TRAUMLEBEN

Entwickeln Sie für die Familie eine gemeinsame **„Lebensüberschrift"** oder eine Vision. Was sind Ihre gemeinsamen Träume?

Sammeln Sie die Wünsche der ganzen Familie. Lassen Sie doch mal Ihrer Kreativität freien Lauf und **gestalten Sie eine Wunsch-Collage** mit schönen Bildern, die Sie problemlos im Internet finden oder aus entsprechenden Zeitschriften ausschneiden können. Haben Sie das schon mal versucht? Ich finde es einfach genial. Legen Sie entspannende Musik auf und basteln Sie mit Ihrer Familie gemeinsam Ihr Traumleben auf einer Collage. Es macht richtig viel Spaß.

„Lebe jeden Tag so, als ob du dein ganzes Leben lang nur für diesen einzigen Tag gelebt hättest."
Wassilij W. Rosanow

COLLAGE

Eine Collage besteht aus verschiedenen Elementen. Das können Zeitungsausschnitte sein, Fotos, Postkarten, Bilder aus Zeitschriften, ausgedruckte Bilder aus dem Internet oder auch inspirierende Zitate. Vielleicht wollen Sie motivierende Sätze integrieren. Sie können Ihre Lieblingsaffirmationen aufkleben. Auf der Collage können Ihr Traumauto, Urlaubsziele, Ihr Traumhaus mitsamt Einrichtung, große Mengen Geldscheine oder Fotos Ihrer Ziele zu finden sein. Der Fantasie sind absolut keine Grenzen gesetzt. Alles ist möglich, setzen Sie dabei keine Grenzen. Mittlerweile gibt es buntes oder goldenes Papier, welches Sie als Untergrund verwenden können. Sie brauchen lediglich ein paar Zeitschriften, Papier, Schere und Klebstoff. Wenn Sie besonders kreativ sind, können Sie noch Herzchen oder Smileys aufkleben. Alles, was Ihnen persönlich gut gefällt, ist ausdrücklich erwünscht. Hängen Sie Ihr Kunstwerk dort auf, wo Sie es jeden Tag sehen können.

„Bastle Dein Traumleben und betrachte dann das Kunstwerk jeden Tag mit Freude."
Ralf Michael

DIE WÜNSCHE VERWIRKLICHEN SICH

Und Sie werden erstaunt sein, wenn einige Ihrer Wünsche sich nach und nach verwirklichen. Wie dann aus Ihren anfänglichen Wünschen konkrete Ziele werden, dazu kommen wir in einem späteren Kapitel ja noch sehr ausführlich.

ES FUNKTIONIERT SOGAR SCHNELL

Meine Tochter bastelte sich auch eine Collage. Steffi hatte sich ein wunderschönes BMW-Cabrio aufgeklebt. Als ich ein halbes Jahr später das

Bild genauer betrachtete, war ich selbst sehr erstaunt. In der Garage stand nun exakt das Cabrio wie auf der Collage, das Auto hatte nur eine andere, sogar noch bessere Farbe, als auf dem Bild. Mittlerweile hat sich auch mein 6er-BMW verwirklicht. Ich bin gespannt wie das noch weiter geht...

WIE IST VOLLKOMMEN EGAL

Ich gebe zu, dass ich ein wenig mitgeholfen habe bei Verwirklichung des Traums, indem ich meine Tochter finanziell dabei unterstützte. Doch es ist letztendlich egal, wie sich ein Traum verwirklicht. Die Hauptsache ist doch, Sie bekommen, was Sie sich erträumen. Über das **wie** sollten Sie sich nie Gedanken machen, das ist nicht Ihre Aufgabe. Wichtig ist, dass es geschieht. Es passierte außerdem völlig unbewusst. Als wir das Auto kauften, dachte keiner von uns mehr an die Collage.

„Lass die Dinge einfach geschehen, dann kommt es noch viel besser und einfacher als erwartet."
Ralf Michael

GEMEINSAMKEITEN

Essen oder frühstücken Sie gemeinsam. Reden Sie offen über alles. Lösen Sie Probleme gemeinsam. Spielen oder blödeln Sie mal gemein-

sam. Lachen ist so gesund. Deshalb lache ich sehr gern. Helfen Sie sich gegenseitig bei der Hausarbeit und sorgen Sie dafür, dass Sie sich in Ihrer Wohnung oder Ihrem Haus rundum wohl fühlen können. Wir kommen im Kapitel: „Schaffen Sie Ordnung (Innen und Außen)" noch sehr ausführlich darauf. Mit diesem Punkt sollten Sie ihre Reise beginnen.

Auf den Punkt gebracht: FAMILIE

1.) Verbringen Sie möglichst viel Zeit mit der Familie
2.) Entwickeln Sie eine gemeinsame Lebensüberschrift
3.) Unternehmen Sie viel gemeinsam
4.) Reden Sie viel miteinander
5.) Haben Sie jede Menge Freude und Spaß
6.) Zeigen Sie der Familie regelmäßig Wertschätzung
7.) Vermeiden Sie „Zeitdiebe" im Beruf
8.) Nutzen Sie das Pareto-Prinzip

Werkzeugkasten:

1.) Collage „Traumleben" erstellen
2.) Zeitdiebe aufschreiben, Zeit gewinnen.

Hilfreiche Fragen:

Welche gemeinsamen Interessen gibt es in unserer Familie?
Wie können wir mehr Zeit miteinander verbringen?
Was macht uns Freude und Spaß?
Wann haben wir Zeit für gemeinsame Unternehmungen?

Was kann ich tun, um meiner Familie zu zeigen, wie wichtig sie für mich ist?

MEINE GEDANKEN

Die Familie ist meine Oase, hier finde ich Ruhe und Geborgenheit.

Zu Hause fühle ich mich sehr wohl.

Mit meiner Familie kann ich alles besprechen.

Meine Familie weiß, was ich kann.

Die Familie hat Verständnis für mich.

Wir essen gemeinsam an einem Tisch und können dabei über alles reden.

Wir akzeptieren uns so, wie wir eben sind.

Bei der Familie kann ich gut relaxen.

Die Familie ist etwas sehr Wertvolles.

Kapitel 3: Wie Sie Ordnung schaffen (Innen und Außen)

Wie sieht es in Ihrer Wohnung oder in Ihrem Haus aus? Ist es sauber und übersichtlich, gut aufgeräumt? Was ist in den Schubladen und Schränken? Welchen Eindruck machen der Keller, der Dachboden oder sonstige Nebenräume? Ist alles übersichtlich geordnet oder gar leer? Wenn Sie die letzte Frage mit Ja beantworten können, dann beglückwünsche ich Sie.

WIE INNEN SO AUßEN

Falls Sie bei dem einen oder anderen Punkt denken, da sollte ich auch mal wieder etwas tun, dann lohnt es sich weiterzulesen. Im Äußeren (Wohnung, Haus, Arbeitsplatz) können Sie sehr schnell feststellen, wie es im Inneren eines Menschen aussieht. Ich kann Sie beruhigen. Auch bei mir sieht es manchmal etwas chaotisch aus. Doch das ist gut so, denn dann weiß ich ganz genau, dass ich wieder ein paar Dinge ins Reine bringen sollte. Hier gilt das Prinzip der Entsprechungen oder das Spiegelgesetz und dies besagt: *"Wie Innen – so Außen, wie Außen – so Innen"*. Die kosmischen Gesetze sind sehr interessant, deshalb beschreibe ich sie hier kurz.

Die sieben kosmischen Gesetze nach Hermes Trismegistos

1. Das Prinzip des Geistes

Alles ist Geist. Der Geist herrscht über die Materie und Ihre Gedanken erschaffen die Materie. Jedes noch so tolle Gebäude war zunächst nur in den Gedanken von einem Architekten vorhanden.

"Du kannst denken was Du willst, deshalb denke nur das Beste für dich."
Ralf Michael

2. Das Prinzip von Ursache und Wirkung

Gleiches erzeugt Gleiches! Jede Ursache erzeugt eine Wirkung (die Ursache kann schon ein Gedanke sein). Jede Aktion führt zu einer Reaktion. Um das Licht einzuschalten, müssen Sie den Lichtschalter betätigen. Es gibt keine Zufälle. Wenn Sie jemanden beleidigen, wird dies eine Auswirkung haben. Es wurde immer irgendwann eine Ursache gesetzt, die dann eine Wirkung erzeugt hat. Das ist glücklicherweise auch bei jedem Erfolg so.

„Setze nur die Ursachen, bei denen Du sicher bist, dass Du die Auswirkungen verkraftest."
Ralf Michael

3. Das Prinzip der Entsprechungen oder Analogien

Wie oben so unten. Wie innen so außen. Wie außen so innen. Wie im Kleinen so im Großen. Wie im Großen so im Kleinen. Wie Sie innen sind, so erleben Sie das Außen. Das Außen ist der Spiegel des Inneren. Wenn Sie sich innen verändern, so verändert sich das Außen. Kennen Sie Menschen, die stets nur andere kritisieren und schlecht machen? Oder haben Sie vielleicht Vorgesetzte, die alle Fehler nur bei den Mitarbeitern oder in anderen Abteilungen sehen? Vielleicht sollten diese Personen bei sich selbst (im Inneren) beginnen und dann erst nach den Anderen (im Außen) schauen.

„Beschäftige Dich täglich mit deinem Innersten, ich verspreche Dir, es lohnt sich. Du hast dann genügend zu tun und brauchst nicht mehr auf andere zu achten."
Ralf Michael

4. Das Prinzip der Resonanz oder Anziehung

Gleiches zieht Gleiches an. Ungleiches wird voneinander abgestoßen. Wenn Sie Lächeln, erhalten Sie ein Lächeln zurück. Wenn Sie Liebe schenken, erhalten Sie Liebe zurück. Umgekehrt ziehen Hass, Eifersucht und Wut mehr davon an.

„Achte genau darauf, was Du aussendest. Ob Gedanken, Worte, Emotionen, Handlungen, es ist völlig egal. Du ziehst immer das Passende an, egal ob es Dir bewusst ist oder nicht. Wenn es Dir nicht bewusst ist, dann wird es oft sehr unpassend erscheinen. Pech gehabt!"
Ralf Michael

5. Das Prinzip der Harmonie und des Ausgleichs

Durch Geben und Nehmen entsteht Ausgleich. Was Du suchst, das gib! Wenn Sie Freude suchen, dann verbreiten Sie überall Freude. Der Fluss des Lebens = Harmonie.

„Achte auf Ausgleich und Harmonie. Ich finde Harmonie total wichtig."
Ralf Michael

6. Das Prinzip des Rhythmus oder der Schwingung

Das Leben fließt ständig, alles verändert sich. Seien Sie flexibel für diese Veränderungen. Nutzen Sie die Chancen zum richtigen Zeitpunkt.

„Jede Veränderung kann Neues und noch viel Besseres bringen. Freue Dich darauf und lass Dich einfach überraschen."
Ralf Michael

7. Das Prinzip der Polarität und der Geschlechtlichkeit

Trotz der Gegensätze der Dualität ist alles Eins. Das Eine kann ohne das Andere nicht existieren. Es gibt Tag und Nacht. Es gibt gut und böse. Es gibt Mann und Frau. Urteilen und werten Sie nicht. Alle haben vom jeweiligen Standpunkt aus gesehen recht. Seien Sie im Gleichgewicht (in der Mitte der Gegensätze).

Wenn Sie sich schon mit den geistigen Gesetzen beschäftigt haben, dann wissen Sie genau, dass es keine Zufälle oder Glück und Unglück gibt. Ob man nun an diese Gesetze glaubt oder nicht, interessant sind sie allemal. Denn sie liefern viele Antworten auf Fragen wie diese: **Weshalb ist das gerade passiert? Was hat das Ganze mit mir zu tun?**

„Betrachte immer beide Seiten. Welchen Vorteil bringt mir eine Situation, mit welchem Nachteil darf ich rechnen."
Ralf Michael

ORDNUNG SCHAFFEN

Um das Prinzip der Entsprechungen (wie Innen so Außen) in der Praxis zu verstehen, empfehle ich Ihnen Folgendes: Entrümpeln Sie einmal richtig. **Schaffen Sie konsequent Ordnung in Ihrem Leben.** Was geschieht dabei? Sie schaffen Ordnung in Ihrem Äußeren und danach sieht es ordentlicher oder aufgeräumter auch in Ihrem Inneren aus. Sie glauben mir nicht? Versuchen Sie es einfach mal. Fangen Sie nur mit einem Schrank an. Gehen Sie positiv an die Sache heran, auch wenn es anfangs Überwindung kostet. Hören Sie nebenbei gute Musik und stellen Sie einige Kartons bereit. Glauben Sie mir, diese Tätigkeit lenkt Sie von Alltagsproblemen ab und bringt Ordnung in Ihr persönliches Umfeld.

„Ordnung ist etwas sehr befreiendes, doch ab und zu finde ich mich auch besser im Chaos zurecht."
Ralf Michael

KARTONS BESCHRIFTEN

Beschriften Sie 2 Kartons nach folgenden Kriterien:

Karton 1: Kann entsorgt werden

Karton 2: Kann aus dem Schrank entfernt werden, soll aber vorsichtshalber noch aufbewahrt werden, wird vielleicht wieder mal benötigt.

Karton 2 beschriften Sie nun mit Inhalt (z.B. Spielsachen) und Datum und lagern diesen nun im Keller ein. Wenn Sie den gleichen Karton 2 Jahre später noch immer unberührt dort finden, dann können Sie sicher sein, dass Sie den Inhalt entsorgen oder verschenken können. Alles, was zu entsorgen ist, kommt sofort weg, und nur die Dinge, die Sie wirklich regelmäßig benötigen, verbleiben im Schrank. Wenn Sie das konsequent machen, werden Sie staunen, wie viel Platz es plötzlich in der Wohnung gibt.

KLEINE ANEKDOTE

Zu der Kartonbeschriftung folgende kleine Anekdote aus meinem eigenen Leben. Es ist noch gar nicht so lange her, da half ich einem guten Freund beim Umzug. Mein Freund Tom ist selbstständig und normalerweise ein Organisationsgenie. Er hatte alle Umzugskartons akkurat beschriftet. Auf jedem Karton stand in welches Zimmer dieser sollte, so dass es für uns Umzugshelfer eine leichte Übung war, die Kartons im neuen Haus ohne Nachfrage im richtigen Zimmer abzustellen. Wir transportierten einen Karton nach dem anderen ins Haus. Am Ende wunderten wir uns, wie wenig Kartons in den einzelnen Zimmern verteilt waren.

EIN GROSSER KELLER IST GUT

In seinen riesigen Kellerräumen kam dann der Schock! Dort standen ungefähr 100 Kartons mit der Aufschrift Keller. Wohl dem, der einen riesigen Keller hat. Alles, was er nicht unmittelbar in der Wohnung brauchte, von dem er sich aber noch nicht trennen konnte, stand nun in seinem Keller. Ich weiß nicht, ob er mittlerweile vielleicht doch schon die Hälfte entsorgt hat. Er hatte in seinem Konzept einfach den Karton 1 Entsorgen nicht berücksichtigt und alles fleißig nur eingepackt und sehr perfekt beschriftet.

ENTRÜMPELN MACHT FREI!

Über dieses Thema kann ich gerade sehr gut schreiben, weil es mir ja selbst genau so geht. Ich frage mich wirklich sehr oft, wo das ganze Zeug her kommt, dass ich in meinen Schränken staple. So banal es sich auch anhören mag. Es ist ein wunderbarer Selbst-Coaching-Tipp, den Sie einfach nur mal beginnen müssen: **Machen Sie sich frei von allem Ballast in Ihrer Wohnung, an Ihrem Arbeitsplatz, in Ihren Beziehungen und in Ihrem ganzen Leben.** Das wird Sie im ersten Schritt frei machen für eine ganz andere Lebensqualität.

„Machen Sie sich frei von allem unnötigen Kram, damit schaffen Sie Platz für Neues und viel Besseres in Ihrem Leben."
Ralf Michael

SAMMLER UND JÄGER

Stellen wir uns zu diesem interessanten Thema einmal folgende Fragen: **Wie sieht es in der Wohnung eines armen Menschen aus?** Diese Menschen sammeln alles. Die Schränke sind vollgestopft mit allen möglichen

Dingen, die kein Mensch wirklich braucht. Kitschige kleine Figuren, Sammelautos und allerlei Krimskrams wie Urlaubssouvenirs. Übrigens: Ich sammle selbst auch noch ab und zu, doch so nach und nach schaffe ich es, mich endlich von so manchem Gerümpel zu trennen.

„Arme Leute sind die, die kein Geld für Qualität haben."
Autor unbekannt

WIE LEBEN REICHE MENSCHEN?

Wie sieht es bei den Reichen aus? Wenig in den Schränken, wenig Bilder an den Wänden. Nur sorgfältig ausgewählte und wertvolle Stücke. Es ist Ihr gutes Anrecht sich nur das Beste zu gönnen! Fragen Sie sich einfach künftig, bevor Sie etwas Unnützes kaufen: **Brauche ich das jetzt wirklich?** Schreiben Sie diese wichtige Frage auf einen Zettel und tragen Sie ihn bei sich in der Geldbörse. Wenn Sie nur noch kaufen, was Sie wirklich brauchen, dann herrscht Ordnung. Und wenn Sie etwas kaufen, dann nur das Beste. Sie kaufen dann zwar weniger, aber Ihr Lebensgefühl wird steigen. **Und: Reich werden Sie nur von dem Geld, das Sie sparen!**

„Reichtum zeigt sich an dem, was Du wirklich brauchst, und daran, was Du bereit bist, von Herzen zu geben."
Ralf Michael

ORDUNG IN IHREM INNEREN

Nachdem Sie konsequent Ordnung im Äußeren geschafft haben, wird sich auch in Ihrem Inneren bereits einiges zum Positiven hin verändert haben. Es fühlt sich jetzt schon alles leichter und aufgeräumter an. Achten Sie ab sofort häufiger auf Ihre Gefühle. Die Gefühle sind Ihr inneres Navigationssystem. Viel zu wenig hören wir in unserer immer schneller werdenden Welt darauf.

„Mache regelmäßig Frühjahrsputz in Deinem Inneren, denke überwiegend positive, optimistische und liebevolle Gedanken."
Ralf Michael

WICHTIG: DAS BAUCHGEFÜHL

Bei wichtigen Entscheidungen: **Was sagt Ihr Bauchgefühl?** Wenn es sich gut anfühlt, dann dürfen Sie darauf vertrauen, dass es vollkommen richtig ist. Sie sind dann mit dem höheren Bewusstsein oder Ihrem höheren Selbst, dem göttlichen Anteil in Ihnen, verbunden. Ich selbst vertraue als Gefühlsmensch 100 % meinem Bauchgefühl. Es gibt auch kaum Fälle, in denen ich damit nicht richtig gelegen bin.

„Wer nicht zuweilen zu viel empfindet, der empfindet immer zu wenig."
Jean Paul

DER ZEIGARNIK-EFFEKT

Die russische Psychologin Blumja Wulfovna Seigarnik hatte entdeckt, dass man sich an unerledigte Aufgaben besser erinnert, als an erledigte Aufgaben. Diesen psychologischen Effekt nennt man den Zeigarnik-Effekt. Das ist auch der Grund, weshalb der Chef die unerledigten Punkte eher bemerkt, als die erledigten. Wenn Sie selbst solche „Schubladen" im Kopf offen haben, erzeugt das unnötige Spannung oder Druck. Umso mehr Schubladen, desto mehr Spannung, denn Ihre Gedanken kreisen dann immer wieder um das eine Problem oder die noch zu erledigende Aufgabe. Dadurch fehlt Ihnen dann Konzentration und Energie für viele andere wichtige Dinge. Deshalb mein Tipp: **Schließen Sie so viel Schubladen wie möglich!**

PRÜFEN SIE TÄGLICH OFFENE SCHUBLADEN

Fragen Sie sich täglich: Was ist noch offen? Was kann ein anderer erledigen? Was ist sehr wichtig, was weniger wichtig? Was kann an einem Termin genau so gut erledigt werden? Fangen Sie mit den Schubladen an, um die Ihre Gedanken am meisten kreisen.

SATZERGÄNZUNGSMETHODE

Wenn Ihnen zu einem bestimmten Thema nicht wirklich etwas einfällt, dann hilft Ihnen möglicherweise die Satzergänzungsmethode. Schreiben Sie das Problem, das Sie am meisten beschäftigt, in einem Satz auf: **Um endlich mehr Gehalt zu bekommen, könnte ich jetzt....** Denken Sie nun 10 Minuten darüber nach und notieren Sie alles, was Sie tun könnten, damit Sie einen kleinen Schritt bei der gewünschten Sache weiter kommen. Gehen Sie danach die Erfolg versprechenden Punkte ganz beherzt an.

SELBSTREFLEXION

Um wirklich Ordnung im Inneren zu schaffen, kommen Sie nicht umhin, sich mehr mit sich selbst zu beschäftigen. Es geht ja schließlich um Ihr Leben, Ihr Glück, Ihre Liebe, Ihre Gesundheit und um Ihren persönlichen Erfolg. Beobachten Sie ab und zu ihre Gedanken und ihre Überzeugungen. **Was von dem, was Sie tagtäglich denken, ist heute noch gültig? Welche Gedanken haben Sie vor Jahren, von Eltern, Vorgesetzten, Lehrern oder anderen Personen eingeimpft bekommen?**

„Alles was uns an anderen missfällt, kann uns zu besserer Selbsterkenntnis führen." C.G. Jung

NEGATIVE GLAUBENSSÄTZE

Gelten diese Überzeugungen auch heute noch, oder wäre es nicht an der Zeit, diese Gedanken endgültig zu verändern? Sie werden trotz Affirmationen und bewussten positiven Gedanken nicht daran vorbei kommen, sich näher mit Ihren negativen Glaubenssätzen zu beschäftigen. Denn diese alten Überzeugungen blockieren Sie immer wieder unbewusst, oft bemerken Sie das nicht einmal. Also schauen Sie genau hin und schreiben Sie Ihre hartnäckigsten Überzeugungen auf. Mit Affirmationen beschäftigen wir uns in diesem Buch übrigens später noch ausführlicher.

„Wenn Du denkst, Du kannst es nicht, dann hast Du deine Absicht ja schon gesetzt. Zum Glück ist es umgekehrt genauso. Du entscheidest selbst. Ich entscheide mich für: „Ich kann alles, was ich will."
Ralf Michael

ÜBERZEUGUNGEN ÄNDERN

Von wann und woher stammt der Glaubenssatz? In welchen konkreten Situationen ist er hinderlich? Welche Überzeugung wäre besser? Was ist mein neuer Satz? Mit diesen Fragen haben Sie eine reale Chance, den Glaubenssatz zu verändern. Wichtig ist es, einen neuen Satz in Form einer Affirmation zu kreieren, der für Sie persönlich passt. Dies ist auch eine meiner Aufgaben in meinen Coaching-Sitzungen: Glaubenssätze gezielt zu hinterfragen und neue Wahlmöglichkeiten für den Kunden zu finden. Sie glauben gar nicht, wie hartnäckig viele dieser Glaubenssätze sind. Die meisten Menschen haben so ca. 500 oder noch mehr Glaubenssätze, die teilweise schon seit der Kindheit fest im Unterbewusstsein verankert sind. Um ein Verhalten wirklich zu verändern, müssen Sie das Verhalten völlig neu definieren.

„Wenn Du etwas verändern willst, dann kannst Du es verändern. Du musst es nur ernsthaft genug wollen und Dir zur Not auch mal helfen lassen." Ralf Michael

COACHING-SITZUNG

Wie läuft eigentlich so ein Coaching ab?

In einem **kostenlosen Erstgespräch** werden die Rahmenbedingungen für das Coaching besprochen. Der Klient erklärt sein Anliegen und für welche Ziele er die Coaching-Unterstützung benötigt. Der Coach informiert über die Möglichkeiten und Grenzen seines Angebots. Wenn sich beide Seiten einig sind, dann wird eine Coaching-Vereinbarung erstellt und die Termine der Sitzungen festgelegt.

Typischer Coaching-Ablauf:

1.) Kostenloses Erstgespräch / Auftragsklärung

2.) Analyse der IST-Situation und Zielsetzung

3.) Zielsetzung und Veränderung

4.) Integration / Stärkung Selbstbewusstsein

5.) Erfolgskontrolle, Evaluation und Abschluss

ÄNDERN EINES GLAUBENSSATZES:

1.) Ich kann das nicht…

2.) Versuchs doch mal…

3.) Ich kann es sowieso nicht!

4.) Seit wann weißt Du das?

5.) Hat mein Vater gesagt!

6.) Ist das heute noch sinnvoll?

7.) Sag ihm, dass Du jetzt etwas anderes machen willst

Zum Abschluss wird ein neuer stärkender Glaubenssatz gewählt.

NEUER GLAUBENSSATZ

Der neue Glaubenssatz könnte dann heißen: **„Ich kann alles schaffen, weil…** hier kommen dann die Gründe, die für die jeweilige Person passen. Ich will Ihnen nichts vormachen. Ihr Innerstes in Ordnung zu halten ist eine echte Lebensaufgabe. Hier dürfen Sie täglich dran bleiben. Doch ich finde, es macht Freude sich täglich selbst zu verbessern und sich auch an kleinen Schritten zu freuen. Verändern Sie alte Gewohnheiten und ersetzen Sie diese durch neue. Welche Gewohnheiten könnten Sie ändern?

„Jeder neue positive Gedanke ermöglicht dir einen weiteren Schritt in ein neues noch viel besseres Leben."
Ralf Michael

DER WEG IST DAS ZIEL

Hier kommt mir der Satz, **„Der Weg ist das Ziel",** in den Sinn. Wenn Sie Ihr Unterbewusstsein einmal von Ihrem neuen Weg des positiven Denkens und der Gedankenhygiene überzeugt haben, dann laufen auch diese Dinge wieder über den „Autopilot". Ziemlich automatisch betreiben Sie Gedankenhygiene, wenn Sie den Konsum von Zeitschriften mit schlechten Nachrichten oder das Fernsehen verringern. Sie verpassen nicht viel, außer Werbung und schlechte Nachrichten. Sie gewinnen allerdings sehr viel Zeit, um sich mit sinnvollen Dingen zu beschäftigen. Sie können Bücher über positive Denkweise lesen, oder wenn Sie überhaupt nicht gerne lesen, dann hören Sie sich Hörbücher zu diesem Thema an.

Auf den Punkt gebracht: GEDANKENHYGIENE

1.) Machen Sie es zu Ihrer Gewohnheit, positiv zu denken

2.) Verändern Sie regelmäßig Ihre negativen Glaubenssätze

3.) Nutzen Sie positive Affirmationen für alle Lebensbereiche

4.) Beschäftigen Sie sich täglich mit Ihrem Inneren

5.) Entspannen Sie mindestens 15 bis 30 Min. täglich

6.) Lesen Sie regelmäßig gute Bücher oder hören Sie Hörbücher zum Thema positives Denken.

Werkzeugkasten:

1.) Kaufen Sie Bücher oder Hörbücher.

2.) Schreiben Sie Glaubenssätze auf und ändern Sie diese.

3.) Reservieren Sie täglich mindestens 30 Minuten für die Selbstreflexion.

Kapitel 4: Wie Sie überzeugend kommunizieren

Sprache erzielt eine unglaubliche Wirkung auf uns Menschen. Bewundern Sie vielleicht auch solche Menschen, die mit ihren Worten, mit ihrer Stimme überzeugen können? Kommunikation ist entscheidend für Ihren Erfolg bei anderen Menschen.

KLATSCH UND TRATSCH

Wie sieht es bei Ihnen aus mit dem Thema "Klatsch und Tratsch"? Wie denken Sie über andere Menschen, wie reden Sie über andere Menschen? Ich habe mir vorgenommen mich nicht mehr an großen Tratschrunden, z.B. über Abwesende, zu beteiligen. Wenn mir etwas an Jemandem nicht gefällt, dann sage ich es ihm höflich und direkt. Gute Sätze, um die Meinung zu äußern, sind: **"Das finde ich nicht gut."**, oder wenn mir etwas gefällt **"Das finde ich gut."** Im Gegenzug erwarte ich, dass niemand hinter meinem Rücken über mich tratscht. Beobachten Sie in Ihrer Umgebung, wer gerne tratscht, und machen Sie sich zur Aufgabe, selbst keinen Beitrag zu leisten. Beobachten Sie, ohne zu bewerten. Sie werden staunen, wie oft über Abwesende "schlecht gesprochen" wird.

„Klatsch und Tratsch ist für mich sehr lustig. Die Leute können von mir denken, was sie wollen, das ist mir zum Glück mittlerweile scheißegal."
Ralf Michael

INNERER DIALOG

Lauschen Sie mal Ihrem "inneren Dialog". Ja, auch Ihre Gedanken und inneren Stimmen gehören zu Ihrer Kommunikation. Der „innere Dialog" ist der kleine Mann im Ohr, der Ihnen immer wieder zuflüstert **„Du kannst das nicht!"** Wie reden Sie mit sich selbst (auch wenn es nur in Gedanken ist)? Ein paar Beispiele für schlechten Umgang mit sich selbst: **"Ich bin doch zu doof dafür!"** - Wenn Sie so denken, haben Sie gute Chancen, dass es so sein wird. **"Meine Meinung interessiert ja niemanden hier!"** - Genau, denn das strahlen Sie ja mit Ihren Gedanken auch aus. **"Das kann ich nicht!"** - Logisch, deswegen ist es vernünftig, erst gar nicht damit zu beginnen. Haben Sie den einen oder anderen Satz schon wieder erkannt? Alles, was Ihre vorherrschenden Gedanken oder Worte sind, ziehen Sie unweigerlich an. Das ist das Gesetz der Anziehung in Aktion. Und all die Dinge haben sehr viel mit Kommunikation zu tun.

WOZU KOMMUNIKATION?

Wozu brauche ich denn die ganze Kommunikation, höre ich Sie jetzt schon fragen. Die Kommunikation beeinflusst wirklich Ihr ganzes Leben. Ihre inneren Dialoge entscheiden über Ihr Selbstbewusstsein und Ihre Kommunikation entscheidet bei gleicher Tätigkeit, ob Sie oder ein anderer Mitarbeiter die Gehaltserhöhung bekommen werden.

KOMMUNIKATION BESTIMMT IHR GANZES LEBEN

Ihre Kommunikation entscheidet, wie es in Ihrer Partnerschaft läuft. Ihre Kommunikation bestimmt, ob Sie etwas verkaufen können oder nicht. Ihre Kommunikation sorgt für Ihre Erfolge im Beruf. Es hängt nicht so sehr von Ihrer Ausbildung, Ihrem Studium oder sonstigen Titeln ab, wie erfolgreich Sie sein werden. Ihre Kommunikation ist wirklich der entscheidende Erfolgsfaktor.

DIE GESUNDHEIT HÄNGT DAVON AB

Ihre Kommunikation bestimmt sogar, wie es gesundheitlich für Sie läuft. Was passiert mit den Menschen, die ständig von Krankheiten reden oder an diese denken. Kennen Sie auch den Satz **"Oh bei mir ist bestimmt eine Grippe im Anmarsch"**. "Dein Wunsch ist mir Befehl", antwortet das

Universum und am nächsten Tag liegen Sie garantiert flach. In meinem Gedankengut gibt es nur Gesundheit.

DER KÖRPER GIBT IHNEN EIN ZEICHEN

Ich bin gesund, weil mir das Konzept wirklich besser gefällt. Seit ich so denke (ca. 5 Jahre) hatte ich keine ernsthafte Krankheit mehr. Verstehen Sie mich bitte bei diesem Punkt nicht falsch. Natürlich wünscht sich niemand eine Krankheit mit Absicht herbei, manchmal deutet eine Krankheit auch nur auf etwas hin, was im Leben nicht stimmt. Die Krankheit gibt dann die Zeit zum Überlegen und diese dürfen Sie dann nutzen. Manche Menschen flüchten sich jedoch häufig wieder in die nächste Krankheit, bis Sie Klarheit haben, was genau aus der Balance gekommen ist. Ihr Körper gibt Ihnen einfach nur ein Zeichen...

„Höre auf die Signale Deines Körpers, dann weißt Du ganz genau, was zu tun ist."
Ralf Michael

BEOBACHTEN SIE DIE ZUSAMMENHÄNGE

Beobachten Sie einfach mal die Zusammenhänge genau, wenn Krankheiten bei Ihnen oder anderen Menschen im Anmarsch sind und urteilen Sie dann bitte selbst. Selbstverständlich gibt es Unfälle oder Krankheiten, für die Sie selbst nichts unmittelbar können. Da ist es dann eher schon eine Verkettung unglücklicher Umstände. Doch eine Ursache oder einen Zusammenhang gibt es meistens. Denken Sie darüber nach. Ich empfehle Ihnen dazu einen Film von Sebastian Goder: **Der Film deines Lebens.** Produziert wurde der Film von Irene und Thomas Frei-Stadler. Hier geht es um die Geheimnisse des Lebens und um die Magie des Glücks.

KOMMUNIKATION IM BERUF

Kommunikation wird im Beruf immer mehr zum entscheidenden Erfolgsfaktor. Das ist auch der Grund, warum NLP-Ausbildungen aktuell sehr stark im Trend sind, hier geht es ausschließlich um Kommunikation. Das ist tatsächlich Kommunikation pur! Ich kann aus eigener Erfahrung sagen: **NLP (Neurolinguistische Programmierung)** bringt Sie unglaublich weiter.

NLP UND DAS MILTON-MODELL

Falls Sie in der Kommunikation Fortschritte erzielen möchten, empfehle ich Ihnen, sich intensiv mit **NLP** zu beschäftigen. Ich habe eine Ausbildung zum NLP-Practitioner gemacht. Sie werden dadurch ein ganz anderes Verständnis von der Sprache bekommen. Im Milton-Modell, das von dem Psychotherapeuten Milton Erickson entwickelt wurde, geht es darum, eine möglichst inhaltsfreie Sprache einzusetzen, die unser Unterbewusstsein gut aufnimmt. Diese Sprache wird auch für die Hypnose verwendet. Mich haben am Anfang die Theorie (und hauptsächlich die merkwürdigen Fachbegriffe) etwas abgeschreckt. Deshalb habe ich erst ein paar Bücher gelesen, um genauer zu verstehen, um was es hier überhaupt geht.

GENERALISIERUNGEN

Viele Menschen verwenden im täglichen Sprachgebrauch sogenannte Generalisierungen. Das sind Worte wie – **alle, jeder, immer, nie, niemand, keiner.** Solche Generalisierungen lohnt es sich zu hinterfragen. Jemand sagt den Satz: *„Immer bleibt alles an mir hängen!"* Ich würde als Coach dann fragen: **„Was genau bleibt an Ihnen hängen?"** und **„Was genau meinen Sie mit immer?" „Gibt es möglicherweise auch noch andere Situationen, in denen das nicht so ist?"** Sehr oft gibt es auch bei unserem „Inneren Kritiker" diese Generalisierungen. *„Ich habe immer so viel Pech." „Jeder kritisiert mich." „Keiner mag mich." „Niemand beachtet mich."* Beobachten Sie die nächsten Tage, welche Generalisierungen Ihnen das Leben schwer machen, und verbannen Sie diese rigoros aus Ihrem Gedankengut.

DIE ZEHN GRUNDSÄTZE DES NLP

1.) **Jeder Mensch hat seine eigene „innere Landkarte".** Diese Landkarte wurde geprägt durch eigene Erfahrungen in der Kindheit, durch Ihr soziales Umfeld und Ihre persönliche Lebensgeschichte. Diese unterschiedlichen Landkarten können zu Kommunikationsproblemen führen.

2.) **Die beste Karte ist diejenige, die die meisten Wege (Wahlmöglichkeiten) aufzeigt.** Gerade durch NLP lernen Sie die Flexibilität deutlich zu erhöhen.

3.) **Jedem Verhalten liegt eine positive Absicht zugrunde.** Auch wenn dies auf den ersten Blick bei vielen Menschen nicht so aussieht.

4.) **Jede Erfahrung ist strukturiert durch Ihre Wahrnehmung.** Jeder Mensch verfügt über einen anderen Wahrnehmungsfilter und hat einen bevorzugten Sinneskanal.

5.) **Jeder Mensch verfügt über alle Kräfte, die er braucht.** Diese Kräfte sind in Ihrem Unterbewusstsein verborgen.

6.) **Für jedes Problem gibt es eine Lösung.**

7.) **Körper und Geist sind Teile eines Systems.**

8.) **Die Bedeutung der Kommunikation liegt im Ergebnis.**

9.) **Es gibt kein Scheitern, sondern nur Rückmeldungen (Feedback).**

10.) **Wenn etwas nicht funktioniert, versuche etwas anderes.**

FRAGEN SIE MIT QUALITÄT

Gute Fragen regen zum Überlegen an und eröffnen neue Wahlmöglichkeiten. Deshalb ist eine gelungene Kommunikation sowohl im Privatleben, wie auch beruflich von größter Bedeutung.

„Die Qualität der Fragen, die Sie sich selbst stellen, beeinflusst entscheidend die Qualität Ihres Lebens." Das ist auch der Grund, warum ein guter Coach Ihnen so viele Fragen stellt.

Doch wie können wir erst einmal eine angenehme Gesprächssituation schaffen?

UNGLÜCKLICHE KOMMUNIKATION

Dazu liefere ich Ihnen gleich noch ein Beispiel aus meinem Leben. In diesem Beispiel geht es um eine missglückte Gesprächssituation. Vor einiger Zeit hatte ich als Ausbildungsleiter in unserem mittelständischen Unternehmen einen Gesprächstermin bei einer Abteilungsleiterin wegen dem Versetzungsplan einer Auszubildenden.

GESPRÄCH ÜBER AUSBILDUNG

Die Abteilungsleiterin schickte mir eine Gesprächseinladung über Outlook mit dem Thema: Gespräch über die Ausbildungsinhalte. Ich wusste also den Termin, die Uhrzeit und dass es um Ausbildungsinhalte gehen sollte. Kurz vor dem vereinbarten Termin betrat ich das Büro. Die Abteilungsleiterin drehte mir den Rücken zu, telefonierte und tippte dabei etwas am Laptop. Es ist fraglich, ob Sie überhaupt bewusst wahrnahm, dass ich im Raum stand und auf unser Gespräch wartete. Danach sprach Sie mit einem weiteren Mitarbeiter, der ebenfalls noch im Büro stand. Kurz darauf kam ein weiterer Mitarbeiter, der sich vor mich drängelte und der Abteilungsleiterin sagte, er hätte so ein wichtiges Thema, dass dies sofort behandelt werden musste. Ich stand die ganze Zeit nur da und beobachtete alles in Ruhe.

WIE BESTELLT UND NICHT ABGEHOLT

Es war schon 10 – 15 Minuten nach dem vereinbarten Gesprächstermin, als ich höflich fragte, ob das Gespräch nun starten konnte. Die Abteilungsleiterin sah mich fragend an, hantierte aufgeregt am Laptop und stellte dabei wohl erst fest, dass mit mir einen Gesprächstermin vereinbart war. Soviel zum Thema sehr unglückliche Kommunikation. Herrschte hier eine angenehme Gesprächsatmosphäre? Mit Sicherheit nicht. Ich kam mir wie bestellt und nicht abgeholt vor.

Deshalb mein Rat:

Sorgen Sie für einen ungestörten und angenehmen Ort für das Gespräch.

ANGENEHME ATMOSPHÄRE SCHAFFEN

Beginnen Sie unbedingt mit einem positiven Einstieg, egal um welches Thema es sich handelt. Wenn Sie das nicht tun, dann wird der Gesprächspartner sofort auf Widerstand gehen und Sie können danach sagen, was Sie wollen, die Botschaft wird nicht mehr ankommen. Da schaltet unser Gehirn dann ganz automatisch auf Abwehr. Hier gilt ganz klar das Prinzip:

Die Verantwortung für ein gutes Gespräch liegt beim Sender und nicht beim Empfänger.

„Aus vielen Worten entspringt ebensoviel Gelegenheit zum Missverständnis."
William James

SPRECHEN SIE DIE GLEICHE SPRACHE

Deshalb spricht man im NLP davon, dass es in einem Gespräch sehr wichtig ist, erst für Rapport zu sorgen. Was ist Rapport? Sie sprechen die gleiche Sprache, wie Ihr Gegenüber oder benutzen eine ähnliche Körpersprache. Wenn der Gesprächspartner beispielsweise eine überwiegend bildhafte Sprache benutzt, dann sollten Sie das auch tun. Das wird das Verständnis und die Sympathie wesentlich erhöhen.

RICHTIG FRAGEN

Verwenden Sie bitte keine Sätze, wie „Sie müssen jetzt aber…" Schon bei dem Wort müssen, würde ich Ihnen antworten, dass ich letztlich gar nichts muss, außer vielleicht irgendwann mal sterben. Es ist ein großer Unterschied ob Sie zu jemand sagen: **"Immer verursachen Sie Reklamationen…"** oder **„es sind in den letzten 3 Monaten 4 Reklamationen eingegangen, wie können wir hier Verbesserungen anstreben, damit unsere Kunden zufrieden sind?"**

Die Frage regt zumindest zum Nachdenken oder zum Verbessern der Situation an, während „immer verursachen Sie Reklamationen"…nicht viel Wahlmöglichkeiten lässt. Außerdem ist die Aussage völlig haltlos, da viel zu pauschal. In beiden Fällen ist sicher das Gleiche gemeint und es wird im Normalfall dennoch eine andere Wirkung erzielen.

WER FRAGT, DER FÜHRT

Nicht umsonst heißt es ja: Wer fragt, der führt. Allerdings sollten die Fragen eine gewisse Qualität haben und zumindest eine Wahlmöglichkeit anbieten. Eine gute Frage ist: **"Welchen Beitrag zur Verbesserung können Sie leisten?"** oder **"Welche Lösung würden Sie vorschlagen?"**

OFFEN FÜR LÖSUNGSWEGE

Beziehen Sie den Gesprächspartner unbedingt in die Lösungsfindung mit ein. Das funktioniert nur, wenn Sie selbst offen für verschiedene Lösungswege sind. Sie dürfen auch eine Lösung gut finden, die nicht von Ihnen stammt. Deshalb ist es aus meiner Sicht oftmals auch gar nicht so gut, wenn Sie alle Lösungen schon im Voraus in der Schublade haben. Der Gesprächspartner merkt im Gespräch doch ganz genau, wenn Ihre Lösung schon fest steht. Weshalb soll er dann noch eigene Gedanken mit einbringen. Lassen Sie den Gesprächspartner oder Ihren Mitarbeiter an der Lösung mitarbeiten und dann wird er möglicherweise voller Freude an die Aufgabe heran gehen.

"Wenn Du richtig gute Fragen stellst, bekommst Du auch meistens sehr interessante Antworten."
Ralf Michael

GUTE KOMMUNIKATION

Wenn Sie um gute Kommunikation bemüht sind, dürfen Sie nicht bewerten, ironisch werden, herablassend sein, drohend, arrogant und gar überheblich. Auch vage Behauptungen, Informationen unvollständig oder verzerrt weiter geben, lenkt die Kommunikation stets in die falsche Richtung. Sagen Sie auch niemals, was Sie nicht mögen oder was Sie mögen, ohne den genauen Grund anzugeben. Die Menschen, mit denen Sie kommunizieren, können nicht Gedanken lesen.

„Man widerspricht oft einer Meinung, während uns nur der Ton, mit dem sie vorgetragen wurde, unsympathisch ist."
 Friedrich Nietzsche

VOLLSTÄNDIGE INFORMATIONEN

Liefern Sie also stets vollständige Informationen. Es gibt zahlreiche Lektüre zum Thema Kommunikation und jede Menge theoretische Modelle. Vielleicht haben Sie schon von der Transaktionsanalyse, den vier Seiten einer Nachricht oder der gewaltfreien Kommunikation gehört.

Suchen Sie also eine passende Lektüre aus, wenn Sie tiefer in dieses spannende Thema einsteigen wollen. Es ist auf jeden Fall hilfreich, sich damit zu beschäftigen.

STELLEN SIE GUTE FRAGEN

Stellen Sie wenige, aber gute Fragen. Lernen Sie unbedingt das aktive Zuhören. Das aktive Zuhören meint nicht Passivität, sondern zielt darauf ab, dass Sie genau zuhören, was der Gesprächspartner überhaupt sagen möchte. Wenn nur Sie selbst reden, haben Sie kaum die Möglichkeit, konzentriert zuzuhören. Nach einigen Sätzen machen Sie dann eine kurze Zusammenfassung in dieser Form:

"Habe ich Sie gerade richtig verstanden, dass Sie ..."

und dann schildern Sie den Sachverhalt, so wie er bei Ihnen angekommen ist.

WERTVOLLES FEEDBACK

Hier bekommen Sie wertvolles Feedback, ob Sie die Botschaft Ihres Gegenüber richtig verstanden haben. Konstruktives Feedback bringt Sie weiter. Fragen oder bitten Sie, dann erhalten Sie, was Sie brauchen.

"Können Sie den letzten Satz bitte noch mal wiederholen, ich bin mir nicht sicher, ob ich es richtig verstanden habe?"

Dies wäre eine Frage oder Bitte, bei der man möglicherweise noch mehr Informationen erhalten kann.

„Feedback kann auch mal richtig wehtun, doch es bringt Dich auf jeden Fall weiter. Kritisches Feedback zeigt Dir, wo Du besser werden kannst,

positives Feedback motiviert Dich, die Dinge weiterhin gut zu machen."
Ralf Michael

WAHRNEHMUNGSARTEN

Kennen Sie die verschiedenen Wahrnehmungsarten (VAKOG)? Im NLP wird davon ausgegangen, dass der Sinneskanal, mit dem wir bevorzugt wahrnehmen, genutzt werden kann für eine bessere Kommunikation. Wie funktioniert das denn? Jeder Mensch hat einen oder auch mehrere bevorzugte Sinneskanäle.

MIT ALLEN SINNEN

Um das Konzept besser zu verstehen, erkläre ich Ihnen, welche Sinne gemeint sind und im nächsten Schritt, wie Sie durch ein gezieltes Ansprechen der Sinne die Kommunikation mit anderen Menschen deutlich verbessern können. Oft redet man ja aneinander vorbei, wie es so schön heißt.

„Nutze möglichst viele Sinne. Was Du siehst und hörst, muss nicht immer richtig sein. Frage dein Gefühl und höre vor allem auf dein Herz."
Ralf Michael

VAKOG-MODELL

Dazu schauen Sie sich bitte zunächst einmal das **VAKOG-Modell** an. Mit ein wenig Übung können Sie dann Ihre eigenen bevorzugten Wahrnehmungskanäle feststellen. Die meisten Menschen verwenden hauptsächlich den visuellen, auditiven oder kienästhetischen Kanal.

VAKOG = Abkürzung für die fünf Sinneskanäle

V = Visuell (Sehen). Alles, was Sie sehen oder was Sie sprachlich sehr bildhaft beschreiben können, z.B. ein wunderschöner Sonnenuntergang. Im Sommer gefällt mir das türkisfarbene Meer.

A = Auditiv (Hören). Alles, was Sie hören und oder was Sie sprachlich klanghaft beschreiben können, z.B. diese Stimme des Schauspielers gefällt mir. Im Sommer könnte ich mir stundenlang das Rauschen des Meeres anhören.

K = Kienästhetisch (Fühlen). Alles, was mit Gefühl zu tun hat und sich sprachlich gefühlsmäßig beschreiben lässt, z.B. das fühlt sich gut für mich an. Im Sommer kann ich endlich wieder die Wärme der Sonne auf meiner Haut fühlen. Ich selbst bin ein Gefühlsmensch. Solche Menschen sind in der Regel freundlich und schätzen die Nähe zu anderen Menschen.

O = Olfaktorisch (Riechen). Alles, was Sie riechen können und sich sprachlich geruchsmäßig ausdrücken lässt, z.B. der zarte Duft einer Rose. Im Sommer riecht der Wind am Meer leicht salzig.

G = Gustatorisch (Schmecken). Alles, was Sie schmecken können und sich sprachlich geschmacksmäßig ausdrücken lässt, z.B. diese Zitrone schmeckt ja so sauer. Im Sommer lass ich mir dann einen Longdrink am Pool schmecken.

BEVORZUGTER SINNESKANAL

Stellen Sie nun anhand Ihrer Sprache fest, welches Ihr bevorzugter Kanal ist. Natürlich gibt es Menschen, die mehrere Kanäle bevorzugen. Wenn Sie nun etwas sicherer im Umgang mit VAKOG sind, hören Sie sich mal die Sprache Ihrer Freunde oder Arbeitskollegen an. Und wie heißt es doch so schön: **„Sie müssen die Sprache der Leute sprechen, wenn Sie etwas erreichen wollen!"** Bestimmt kennen Sie diesen Satz, doch jetzt wird die Bedeutung dieses Satzes noch viel bewusster. Haben Sie Lust auf einen kleinen Test?

WELCHER SINNESKANAL?

Achten Sie also die nächsten Tage einmal bewusst darauf, in welchem Sinneskanal der Gesprächspartner spricht. Versuchen Sie dann bei einem visuellen Typ mal eine sehr bildhafte Sprache und Sie werden feststellen, dass die Kommunikation sehr angenehm verläuft. Auch das Gegenteil können Sie mal ganz bewusst testen. Sprechen Sie bewusst mit Formulierungen eines anderen Sinneskanal, als ihn Ihr Gegenüber nutzt, dann werden doch einige Kommunikationsschwierigkeiten auftreten.

KLEINER TEST

Wenn Sie Lust haben, dann machen Sie doch einen kleinen Test, um Ihre eigenen bevorzugten Kanäle heraus zu finden. Nehmen Sie dazu ein Blatt Papier und schreiben Sie ein bestimmtes Erlebnis aus der Kindheit oder dem Urlaub auf.

Ein eigenes Beispiel:

Als wir im Urlaub auf Malta waren, fand ich es sehr schön, dass wir die Liegen direkt am Meer hatten. Ich konnte die warme (K) Sonne auf meiner Haut spüren (K). Es war herrlich, einfach nur die Sonnenstrahlen auf der Haut zu fühlen (K) und das Rauschen des Meeres zu hören(A). Der strahlend blaue Himmel (V) sorgte für gute Laune (K) bei mir. Die Hauptsprache auf Malta ist Englisch, deshalb kann man hier gut seine Englischkenntnisse etwas auffrischen. Die Menschen sind sehr freundlich (K) und die gelben englischen Busse (V) sehen wirklich toll aus.

An diesem kurzen Text erkennen Sie, dass ich hauptsächlich kienästhetisch (K) ticke, danach kommt der visuelle Kanal (V).

DIE SPRACHE DES PARTNERS SPRECHEN

Möglicherweise hilft Ihnen dieses Wissen auch privat weiter. Endlich wissen Sie, warum Sie und Ihr Partner ständig aneinander vorbei reden. Kennen Sie den Satz: **„Du verstehst mich ja doch nicht!"** Wie wahr, wenn ich gefühlsmäßig meine Eindrücke beschreibe und mein Partner auditiv tickt, dann kann es schwierig werden. Doch in Zukunft haben Sie nun ja die Möglichkeit VAKOG zu nutzen und vielleicht sogar die Sprache Ihres Partners zu sprechen. Ist das nicht genial? Wenn Sie sich umfassender über VAKOG informieren wollen, dann empfehle ich Ihnen, sich mit den Grundlagen des NLP zu beschäftigen. Es gibt gute Lektüre zu diesem Thema. Mein Buch erhebt ja auch nicht den Anspruch, Ihnen NLP zu lehren, denn das würde den Rahmen deutlich sprengen. Ich möchte Ihnen nur einige Möglichkeiten ans Herz legen, die für mich ganz gut funktionieren.

„Ich versuche die Sprache meines Partners zu sprechen, dabei bemerke ich sehr oft, dass ich die Sprache der Frauen immer noch nicht fehlerfrei beherrsche."
Ralf Michael

FEEDBACK WWW

Mit WWW ist nicht das Internet gemeint, sondern es geht um Ihr Feedback, das Sie als **„Ich-Botschaft"** vermitteln sollten. Das erste W bedeutet:

1.) <u>**WAHRNEHMUNG: „Ich nehme wahr, ich bekomme mit…"**</u> am besten nutzen Sie die Technik ZDF (Zahlen, Daten und Fakten).

Das zweite W heißt:

2.) <u>**WIRKUNG: „Ich erlebe, fühle, empfinde…"**</u> hier teilen Sie mit, wie das Wahrgenommene auf Sie wirkt.

Das dritte W bedeutet:

3.) <u>**WUNSCH: „Ich wünsche Ihnen, könnte mir vorstellen, würde empfehlen…"**</u>

nun äußern Sie Ideen und Wünsche oder Ihre persönliche Meinung. Eine gute Abschluss- oder Kontrollfrage ist: **„Wie sehen Sie das?"** Damit haben Sie die Möglichkeit zu überprüfen, ob das Feedback so angekommen ist, wie beabsichtigt. Falls nicht, können Sie an der Stelle noch korrigieren.

AKTIV ZUHÖREN

Viele Frauen sagen zu Ihren Männern: **"Nie hörst Du mir richtig zu!"** Kennen Sie diesen Satz? Die Frauen liegen in diesem Fall bestimmt richtig, denn Männer sind oft nicht gerade die geborenen Zuhörer. Das geht mir selbst ja oft genau so, wenn ich zum Beispiel ein spannendes Fußballspiel ansehe, höre ich überhaupt nicht zu, was meine Frau da gerade erzählt. Jetzt wird wieder das Thema **„aktives Zuhören"** interessant. Hier geht es nicht nur darum, zuzuhören, sondern auch ganz gezielt nachzufragen, wenn etwas nicht richtig verstanden wurde. Das „aktive Zuhören" hilft mir als Coach sehr, um zuerst festzustellen, was für ein Anliegen mein Klient hat. Ein guter Coach redet selbst nicht so viel, sondern er hört zu und stellt die richtigen Fragen. So paradox sich das auch anhören mag, um eine gute Kommunikation zu erreichen, müssen Sie erst zuhören lernen! Wenn Sie das Zuhören beherrschen, dann sollten Sie mit gezielten Fragen aktiv werden.

„Nur durch genaues Zuhören können wir wichtige Zusammenhänge tatsächlich verstehen. Nur durch gezieltes Nachfragen wirst Du dann vom passiven zum aktiven Zuhörer."
Ralf Michael

W-FRAGEN

Verwenden Sie dazu möglichst die so genannten **offenen Fragen (W-Fragen)**. Das sind Fragen, auf die Ihr Gesprächspartner ausführlich antworten kann, anstatt nur mit Ja oder Nein. Informationsfragen **„wann"**, **„wer"**, **„wo"** oder **„wie viel"** helfen Ihnen wirklich mehr zu erfahren. Die Frage nach dem **„warum"** führt grundsätzlich tiefer in das Problem und sollte deshalb behutsam eingesetzt werden.

Wenn das Problem oder die Schwierigkeit bekannt ist, helfen eher Fragen wie **„was für Möglichkeiten gibt es nun, das Problem zu lösen?"** oder **„Welche ersten Schritte können Sie nun tun?"** weiter. Unsere Sprache ist sehr komplex und es kann jederzeit passieren, dass ein einziges falsches Wort alles zuvor Gesagte auf den Kopf stellt. Das bedeutet, die Botschaft, die Sie mitteilen wollten, kommt nicht richtig an.

DER SENDER TRÄGT DIE VERANTWORTUNG

Und die Kommunikationsexperten bringen es auf den Punkt. Die Verantwortung für die Kommunikation liegt stets am Sender, also bei der Person, die etwas sagt. **Eine gute Führungskraft kann aus meiner Sicht nur jemand sein, der die wichtigsten Kommunikationsregeln beherrscht.** Eine überzeugende Kommunikation hilft Ihnen weiter, deshalb lohnt es sich doppelt, wenn Sie sich mit diesem interessanten Thema ausführlich beschäftigen. Kommunikation ist ein herrliches Thema. Vor allem lohnt es sich sehr, sich dort weiterzubilden, Bücher zu kaufen oder Seminare zu besuchen. Sie können dieses Thema beruflich und privat hervorragend nutzen, gerade deshalb ist diese Investition absolut lohnenswert.

Auf den Punkt gebracht: ÜBERZEUGENDE KOMMUNIKATION

1.) Sorgen Sie für eine gute Gesprächsatmosphäre (Ort, Zeit, Thema für das Gespräch klären)

2.) Nutzen Sie das „aktive Zuhören"

3.) Vermeiden Sie Generalisierungen und Pauschalisierungen

4.) Stellen Sie sich auf den Gesprächspartner ein (VAKOG)

5.) Stellen Sie möglichst offene Fragen (W-Fragen)

6.) Bitten Sie um Feedback bei Unklarheiten

7.) Fassen Sie wichtige Inhalte zusammen und fragen Sie nach, ob alles richtig verstanden wurde.

8.) Bleiben Sie offen für Vorschläge des Anderen.

9.) Bewerten und beurteilen Sie nicht.

10.) Sorgen Sie für einen positiven Einstieg und Abschluss des Gesprächs. Bei geschäftlichen Gesprächen legen Sie vorher das Gesprächsziel fest.

Werkzeugkasten:

1.) Kaufen Sie Bücher oder Hörbücher zum Thema Kommunikation

2.) Lernen und nutzen Sie NLP

3.) Üben Sie das Gelernte in der Praxis

4.) Lernen und nutzen Sie aktives Zuhören

5.) Setzen Sie gezielt W-Fragen ein.

Kapitel 5: Wie Sie das Unterbewusstsein überzeugen

Wie gelingt es, unser Unterbewusstsein zu unserem Freund zu machen? Welche Möglichkeiten gibt es, gezielt mit dem Unterbewusstsein zu arbeiten und seine schier unglaublichen Möglichkeiten zu nutzen? Mit diesen spannenden Fragen möchte ich dieses Kapitel einleiten. Möglicherweise haben Sie schon einiges über die Wirkungsweise des Unterbewusstseins gelesen, doch irgendwie siegen die alten abgespeicherten Gewohnheiten leider immer wieder. Haben Sie schon einmal versucht, sich das Rauchen abzugewöhnen, oder wenn Sie Stress haben, anders zu reagieren, als gewohnt? Es gibt viele schlechte Gewohnheiten, die nur schwer zu ändern sind.

UNTERBEWUSSTE PROGRAMME

Die Prägungen der ersten Lebensjahre sind tief verankert in uns und festgefahrene Glaubenssätze, die wir ungeprüft von Eltern, Lehrern oder Vorgesetzten übernommen haben, bremsen uns aus. Wie können diese unterbewusst laufenden Programme wirksam verändert werden? Stellen Sie sich doch heute einfach mal folgende Frage: **Welche Ihrer alten Überzeugungen hat heute überhaupt noch Gültigkeit?**

BEWUSSTE UND UNBEWUSSTE ERINNERUNG

Unser Geist arbeitet mit bewusster Erinnerung und auf Autopilot mit unbewusster Erinnerung. Ein Beispiel für bewusste Erinnerung: Sie wissen Ihre Telefonnummer. Ein Beispiel für Autopilot oder unbewusste Erinnerung: Das Autofahren. Sie denken nicht mehr über die Vorgänge beim Autofahren nach. Sie schalten, blinken, bremsen und kuppeln ohne groß darüber nachzudenken. Als Sie es anfangs in der Fahrschule erlernten, war das mit Sicherheit nicht so, weil es noch nicht als Gewohnheit abgespeichert war.

AFFIRMATIONEN

Ich erzähle Ihnen einfach mal, wie ich im täglichen Leben mein Unterbewusstsein von meinen neuen Überzeugungen überzeuge. Ich arbeite gezielt mit Affirmationen und zwar genau in dem Bereich, in dem ich mir etwas Anderes wünsche als bisher. Affirmationen sind gehirngerecht formulierte Sätze, die das Unterbewusstsein auch verstehen kann. Das Unterbewusstsein versteht zum Beispiel keine Negationen wie nicht und kein. Deshalb ist es unerlässlich nur Dinge zu formulieren, die Sie wollen und auf gar keinen Fall Sachen, die Sie nicht wollen.

NEGATIVE BOTSCHAFTEN ERSETZEN

Ich will nicht krank sein, heißt für das Unterbewusstsein: „Ich will krank sein." Sie müssen dann nämlich das Gegenteil formulieren: „**Ich bin gesund."** Nur die Formulierung mit **ich bin**, versteht unser Gehirn als fest stehende Tatsache. **Beispiele dafür, wie negative Botschaften durch positive ersetzt werden können:** Anstatt zu denken: "**Ich will nicht zu spät kommen**", denken Sie besser: "**Ich bin pünktlich.**" Anstatt zu denken: "**Wie soll ich das schaffen**," denken Sie lieber: "**Ich schaffe es.**" Anstatt zu denken: "**Ich habe das nicht verdient**", denken Sie besser: "**Ich habe das Beste verdient.**"

„Sage und denke nur, was Du willst, nicht, was Du nicht möchtest. Das wird Dein Leben ganz entscheidend verändern."
Ralf Michael

MAGISCHE WORTE

Hören Sie in der nächsten Zeit ruhig einmal genauer zu, was Ihre Mitmenschen so sagen. Wenn Sie also nicht arm sein wollen, dann sagen Sie: Ich will reich sein. Und es gibt einige „**Magic-Words**", die unser Unterbewusstsein besonders gut aufnimmt. Beginnen Sie Ihre Affirmationen mit folgenden Formulierungen: „**Ich erlaube mir…**", „**Ich darf jetzt…**" **Ich bin…**" „**Ich erkenne an, dass ich …**" Vor allem „<u>**Ich bin**</u>" ist unwahrscheinlich kraftvoll und überzeugend. Suchen Sie sich doch einfach mal einen Bereich in Ihrem Leben aus, mit dem Sie unzufrieden sind.

FORMULIEREN SIE DEN IDEALZUSTAND

Beschreiben Sie den Ist-Zustand und formulieren Sie Ihre Affirmation genau in das Gegenteil um. Ein Beispiel: **„Ich bin ständig schlecht gelaunt, weil mich meine Arbeitskollegen sehr oft ärgern."** Das ist der aktuelle Zustand. Eine sehr gute Frage bei unerwünschten Situationen ist: *Was will ich stattdessen?* Nun überlegen Sie, wie es sein sollte und formulieren Sie das Ganze in den Zielzustand um: **„Ich bin täglich gut gelaunt und kann mit der Meinung meiner Arbeitskollegen bestens umgehen."** Wow, genau das ist es doch, was Sie vielleicht wirklich wollen. Schreiben Sie sich nun diese „Affirmation" auf und lesen Sie sich solange durch, bis Sie wirklich daran glauben können.

„Jedes einzelne Wort kann alles auf den Kopf stellen."
Ralf Michael

DIE WELT MIT ANDEREN AUGEN SEHEN

Warum eigentlich nicht? Gehen Sie so Ihre Themen an und drehen Sie die Dinge um in das Gegenteil, so wie Sie jetzt gerade darüber denken. Wichtig ist dabei, dran zu bleiben und nicht locker zu lassen, bis sich Ihre

Einstellung zu dem Thema dreht. Es kommt nur auf Ihre Einstellung an und das Schöne daran ist, diese können Sie jederzeit zu Ihren Gunsten ändern. **Gewöhnen Sie sich jetzt an, die Welt mit neuen Augen zu sehen.** Es muss nicht richtig sein, was Sie bisher so hartnäckig geglaubt haben. Besonders da, wo etwas wirklich nicht funktioniert. Drehen Sie es um, gehen Sie in eine andere Richtung und ich verspreche Ihnen, es werden sich Änderungen ergeben, die Sie bisher nie für möglich gehalten hätten.

„Verändere regelmäßig deinen Blickwinkel. Dadurch bekommst Du eine andere Sichtweise zur jeweiligen Situation. Wie würde Deine Familie darüber denken? Wie Dein Chef? Wie Du selbst?"
Ralf Michael

IMMER BESCHEIDEN SEIN?

Ein Beispiel aus meinem Leben. Ich habe von meinen Eltern regelmäßig gehört, dass das Leben schwer ist und ein Kampf. Wir müssen sparen, weil wir so wenig Geld haben. Wir sind bescheidene Leute und müssen uns stets brav hinten anstellen. Kennen Sie solche, oder ähnliche Sätze? Diesen Blödsinn habe ich jahrelang als Kind anhören müssen. Verstehen Sie mich jetzt bitte nicht falsch. Ich hatte eine sehr schöne Kindheit im Vergleich zu vielen anderen Menschen und dafür bin ich auch heute noch sehr dankbar. Meine Eltern haben mir eine schöne Kindheit geschenkt. Nur für einige „Glaubenssätze" bin ich alles andere als dankbar.

„Stelle alles in Frage, wovon Du fest überzeugt bist. Es könnte möglicherweise nur ein unnützer Glaubenssatz sein, den Du gar nicht mehr brauchst."
Ralf Michael

AFFIRMATIONEN HELFEN

Als mir diese falschen Überzeugungen nach vielen Jahren bewusst wurden, habe ich mir neue Glaubenssätze in Form von Affirmationen gemacht. Ein wichtiger Satz war für mich dabei: **„Es darf einfach gehen"**. Nachdem ich mein ganzes Leben gehört hatte, wie schwierig anscheinend alles sein soll, war dieser Satz für mich wie eine Befreiung. Genau so hilft mir der Satz **„Ich verdiene mehr, als ich ausgeben kann"**. Diese schöne Feststellung sorgt dafür, dass ich nicht ständig sparen muss, weil wir angeblich zu wenig Geld haben. Das mit dem ständig ganz hinten Anstehen habe ich mittlerweile auch erkannt und sage mir heute: **„Ich darf etwas sagen, wenn sich jemand vordrängelt."** Meine Eltern wollten nur nett und höflich sein, doch das funktioniert leider nicht in jeder Lebenslage. Dennoch habe ich von Ihnen Höflichkeit und sehr gutes Benehmen gelernt, was ich selbstverständlich auch heute noch ganz wichtig finde.

EINFACH MAL NEIN SAGEN

Ich habe es nach vielen Jahren gelernt, zu sagen, was mir gefällt und was nicht. Dazu gehört auch mal **NEIN** zu sagen, wenn ich etwas nicht möchte. Glauben Sie mir, das war früher absolut undenkbar für mich. Bei Menschen, die ich sehr liebe, kann ich auch heute nur sehr schwer nein sagen. Ich möchte Ihnen anhand von diesen banalen Beispielen aus meinem Leben nur zeigen, welche Kleinigkeiten oftmals den Unterschied ausmachen können.

„Affirmationen sorgen für Veränderung im Leben. Du musst sie nur regelmäßig und lange genug anwenden."
Ralf Michael

MEINE LIEBLINGSAFFIRMATIONEN

Es darf auch einfach gehen. Ich liebe mich selbst – indem ich freundlich bin, das bringt mir Freude. Ich liebe mich selbst – indem ich großzügig bin, denn das lässt mich wachsen. Ich fühle mich wohl damit, dass ich stets ich selbst bin. Ich erlaube mir schnelle Entscheidungen zu treffen. Die Fülle des Universums steht jedem zu, auch mir! Ich bin gesund, jung und vital. Ich bin offen für täglich neue Wunder. Gute Laune und positive Einstellung sorgt für meinen Erfolg. Ich bin entspannt und habe für alles genügend Zeit. Ich bin ein Genie und wende meine Weisheit an. Ich bin von mir begeistert. Ich danke Gott der Quelle aller Segnungen. Der Morgen wird für sich selber sorgen. Ich bin klug genug, Arbeiten weiter zu geben. Ich nutze Geld dazu, mir und anderen ein erfülltes Leben zu bereiten. Ich erfülle die Aufgaben, die zu mir, meinen Talenten und Fähigkeiten am besten passen. Ich darf viel Zeit mit meiner Familie genießen. Ich akzeptiere meine Familie genau so, wie sie ist. Ich bin frei in meiner Arbeit und in meinem gewählten Weg. Ich bin unabhängig von der Meinung anderer.

HEUTE LEBE ICH GENAU SO

Diese Affirmationen habe ich vor 3 oder 4 Jahren ausgewählt. Damals hatte ich mir eine Liste gemacht, mit vielen Eigenschaften, die ich nicht mehr haben wollte. Dann habe ich mir überlegt, was will ich und wie ich es als Affirmation gehirngerecht formulieren kann. Viele sehr gut formulierte Affirmationen finden Sie übrigens auch im Internet. Ich habe mir diese Affirmationen wirklich solange durchgelesen und angehört, bis ich sie nicht mehr sehen und hören konnte. Heute lebe ich wirklich danach. Ich habe es sozusagen verinnerlicht.

„Erst wenn Du die Affirmation nicht mehr hören kannst, erzielt sie die gewünschte Wirkung. Du musst dein Unterbewusstsein durch ständige Wiederholung überzeugen."
Ralf Michael

KLARHEIT

Erst durch das Aufschreiben der Eigenschaften, die Sie haben möchten, erhalten Sie absolute Klarheit, wie Ihr Leben aussehen soll. Diese Klarheit ist absolut wichtig. Wenn Sie wissen, was für Sie wirklich zählt, dann sind Sie vielen Menschen einen großen Schritt voraus. Und wenn Sie jetzt noch daran glauben können, dann werden in Ihrem Leben einige Wunder geschehen.

„Tu, was Du kannst, mit dem, was Du hast, wo immer Du bist."
Theodore Roosevelt

TIPPS ZUM ERSTELLEN VON AFFIRMATIONEN

Formulieren Sie Affirmationen stets positiv. Achten Sie darauf, dass die Affirmationen keine Verneinungen enthalten (nicht, kein, nie, niemals…). Affirmationen sollten kurz und präzise und in der Gegenwart (als bereits erreicht…) formuliert sein. Affirmationen sollten Emotionen wecken und persönlich formuliert sein. **Tipp:** Nehmen Sie 3 bis 10 Affirmationen als MP3 auf und hören Sie diese solange, bis sie im Unterbewusstsein verankert sind.

DAS UNTERBEWUSSTSEIN SPEICHERT ALLES

Indem ich diese Zeilen schreibe, wird mir auch selbst wieder bewusst, dass ich ab und zu in die alten Verhaltensweisen zurück falle. Das passiert meistens dann, wenn ich mich weniger mit meinem Inneren beschäftige. Schon an dieser Tatsache erkennen Sie, wie lohnenswert es ist, sich regelmäßig mit sich selbst zu beschäftigen. Sie müssen das Unterbewusstsein regelmäßig davon überzeugen, was Sie wirklich wollen. **Ihr Unterbewusstsein speichert alles, was Sie mit Ihren Sinnen aufnehmen.** Alle Wahrnehmungen und Erlebnisse Ihres gesamten Lebens sind dauerhaft abgespeichert und können bei Bedarf oder in einer ähnlichen Situation wieder abgerufen werden. Das gilt für positive und negative Ereignisse in Ihrem Leben. Wenn Sie in bestimmte Situationen kommen, reagieren Sie ganz automatisch und zwar je nachdem, was bei ähnlichen Erlebnissen gespeichert wurde. Mit dem bewussten Verstand entscheiden Sie, ob Sie positiv oder negativ über etwas denken wollen.

UMPOGRAMMIEREN

Stellen Sie sich Ihr Unterbewusstsein wie die Festplatte eines Computers vor. Hier wird alles nur gespeichert, vor allem bildliche Eindrücke. Um die negativen Speicherungen zu löschen oder umzuprogrammieren, benötigen Sie den bewussten Verstand. Zum Umprogrammieren können

Sie Affirmationen nutzen, mit denen Sie bewusst alte „Programme" überschreiben oder ändern. Um besonders tief sitzende Ängste oder alte Eigenschaften zu verändern, kann auch Hypnose hilfreich sein. Hypnose ist im Grunde ein natürlicher Zustand von tiefer Trance und Entspannung, den jeder von uns mehrmals am Tag erreicht. Wenn Sie zum Beispiel vollkommen abwesend sind oder am Tag träumen, dann ist dies bereits der Fall. Doch die Hypnose ist in diesem Buch nicht das Thema, deshalb werden wir uns nicht damit beschäftigen.

ALTE ÜBERZEUGUNGEN

Welche alten Überzeugungen machen Ihnen das Leben unnötig schwer? Wie oft hörten Sie in der Kindheit: **„Du kannst das nicht!" „Das lernst Du nie!" „Das ist zu riskant!" „Du darfst das nicht!"** Das sind mit Sicherheit noch die harmlosen Sätze, die Sie so oft gehört haben, dass es irgendwann mal gespeichert war. Sie haben diese oder ähnliche Sätze von Personen gehört, zu denen Sie aufgeschaut haben. Das kann die Mutter, der Vater, der Onkel, die Tante, Oma, Opa, ein Lehrer oder ein Chef gewesen sein. Sie haben damals die Überzeugungen dieser „wichtigen Personen" als feststehende Tatsache übernommen. Mittlerweile schlummern diese „Überzeugungen" als Glaubenssatz in ihrem Inneren und steuern Ihre automatischen Reaktionen auf bestimmte Situationen, die immer mal wieder im Leben vorkommen. **Wo ist Ihr „roter Knopf",** der bei Ihnen eine Reaktion auslöst, die Sie so gar nicht wollen? Fragen Sie sich deshalb so oft wie möglich: **Ist diese Überzeugung, die ich da habe, heute noch sinnvoll?**

"Achte genau darauf, in welchen Situationen der Knopf bei Dir gedrückt wird und frage Dich, ob das heute noch sinnvoll ist?"
Ralf Michael

ACHTEN SIE AUF DIE 51%-REGEL

Sofern die positiven Ereignisse mehr als 51% betragen, läuft schon sehr viel recht gut in Ihrem Leben. Sorgen Sie also bei allem, was Sie denken und worüber Sie sprechen dafür, dass die Mehrzahl der Gedanken und Worte in Ihrem Leben positiver Natur sind. Diese 51%-Regel ist eminent wichtig! **Das Unterbewusstsein kann zwischen Realität und Vorstellung nicht unterscheiden.**

BETRACHTEN SIE DIE POSITIVE SEITE

Nutzen Sie dieses Wissen und geben Sie dem Unterbewusstsein die fehlenden Prozente an positiven Erlebnissen und wenn es zunächst nur in Ihrer Vorstellung passiert. Ein schöner Satz lautet: **„Es ist nie zu spät für eine glückliche Kindheit!"** Ich weiß, das hört sich jetzt komisch an, besonders wenn Sie eine schwere Kindheit hatten. Doch selbst wenn das so war, sind Sie mit Sicherheit kein Einzelfall. Egal was passiert ist, ob Sie misshandelt oder vielleicht geschlagen wurden, Sie haben die Möglichkeit, Ihre Kindheit neu zu erleben. Lassen Sie die unerwünschten Erinnerungen los und betrachten Sie von nun an die positive Seite der Medaille. Alle Erlebnisse, ob nun gut oder schlecht, haben Sie zu dem gemacht, was Sie heute sind. Und was Sie heute sind, ist doch nicht so schlecht.

„Das Glück Deines Lebens hängt von der Beschaffenheit Deiner Gedanken ab."
Marcus Aurelius

DIE MACHT DER VISUALISIERUNG

Nutzen Sie Ihre Vorstellungskraft. Es ist kein Geheimnis, dass viele erfolgreiche Profisportler Mentaltraining machen. So stellen sich erfolgreiche Skirennläufer Ihren Riesenslalom schon in Gedanken vor. Oftmals stimmen sogar die Zeiten bis auf ein Zehntel genau, zwischen dem in Gedanken gefahrenen Rennen und dem tatsächlichen Rennen. Ist das nicht fantastisch?

„Es lohnt sich die Vorstellungskraft und Fantasie regelmäßig zu trainieren, weil Du dadurch Dein Leben absolut verbessern kannst."
Ralf Michael

ALADIN UND DIE WUNDERLAMPE

Ihr Unterbewusstsein ist unglaublich. Es steuert alle lebenswichtigen Funktionen, wie Herzschlag und Blutkreislauf und es arbeitet rund um die Uhr nur für Sie. Nutzen Sie diese Tatsache, denn Ihr Unterbewusstsein ist sozusagen der „Geist aus der Flasche", von dem Sie schon als Kind geträumt haben. Kennen Sie die Geschichte von Aladin und der Wunderlampe? Vergleichen Sie den Geist aus der Lampe doch mit dem Unterbewusstsein. Nutzen Sie die Kraft Ihres Unterbewusstseins. Sie müssen nur wissen, wie Sie ihm verständlich Ihre Wünsche übermitteln. Wenn Sie mehr über das Thema Unterbewusstsein erfahren wollen, dann empfehle ich Ihnen wärmstens den Klassiker schlechthin: **Dr. Joseph Murphy „Die Macht deines Unterbewusstseins"**. Dieses Buch lese ich immer wieder, dabei verstehe ich jedes Mal noch mehr, als dies beim ersten Lesen der Fall war.

DAS UNTERBEWUSSTSEIN

Dieses Buch ist auch für Einsteiger in das Thema sehr gut und verständlich geschrieben. Wenn Sie ein Thema mit dem Begriff Gott haben, wird Ihnen das Buch am Anfang etwas komisch vorkommen, da Dr. Joseph Murphy sehr viele Bibel-Zitate verwendet. Keine Sorge, das ging mir anfangs genauso. Ich habe für mich jedoch sehr schnell verstanden, dass der

Begriff GOTT letztlich in allem steckt, was uns begegnet. Sie können es Überbewusstsein, Universum, allumfassendes Bewusstsein, Aladin und die Wunderlampe oder wie auch immer nennen. Fakt ist, die Bibelzitate machen Sinn, wenn man die richtige Botschaft dahinter versteht. Und genau das vermittelt Dr. Joseph Murphy mit sehr guten Beispielen. Vor allem hat mir dieses Buch geholfen, die Wirkungsweise des Unterbewusstseins besser zu verstehen.

„Nutze die Möglichkeiten Deines Unterbewusstseins. Damit erreichst Du mehr, als nur mit dem bewussten Verstand. Und vor allem: Es ist viel einfacher."
Ralf Michael

DER ERSTE UND LETZTE GEDANKE

Doch zurück in mein Leben. Wie nutze ich selbst die Kraft des Unterbewusstseins? Ich achte sehr bewusst darauf, welche eigenen und fremden Überzeugungen ich als richtig empfinde. Viele Überzeugungen stelle ich erst mal in Frage. Ist es wirklich so? Wenn es früher so war, hat dies heute noch Gültigkeit? Handelt es sich um einen hartnäckigen Glaubenssatz? **Dann achte ich unglaublich bewusst auf meine ersten und die letzten Gedanken des Tages.**

GEDANKEN ZUR RUHE BRINGEN

Natürlich schreibe ich nicht nur über Entspannung, sondern mittlerweile meditiere ich auch täglich 15 bis 30 Minuten. Sie können mir glauben, dieses zur Ruhe kommen ist mir am Anfang so schwer gefallen, weil ich Action und Bewegung sehr liebe. Ich habe das sehr lange nicht geschafft. Doch nur wenn Sie zur absoluten Ruhe kommen, können auch die Gedanken still werden. Und nur wenn die Gedanken zur Ruhe kommen, haben Sie die Kontrolle über sie. Und dieser Punkt ist für mich sehr entscheidend.

„Umso entspannter Du bist, umso besser kannst Du Deine Gedanken zur Ruhe bringen."
Ralf Michael

ALPHA-ZUSTAND

Um wirkliche Entspannung zu erreichen, müssen Sie den sogenannten Alpha-Zustand erreichen. Dies ist ein tief entspannter Zustand. Als Alpha-Zustand bezeichnen Mediziner eine bestimmte Breite der Hirnströme. Wenn sich diese Ströme in einer Frequenz zwischen 8 und 13 Herz bewegen, dann sind Sie zwar noch geistig klar, aber in völliger Ruhe. Stellen Sie sich vor, Sie träumen mit offenen Augen. Im Alpha-Zustand sind die Gedanken abgeschaltet. Sie erleben diesen Zustand jeden Tag kurz nach dem Aufwachen. Da ist das Gehirn angenehm „leer", bevor dann wieder das Gedankenkarussell losgeht. Auch am Abend bevor Sie in den tiefen Schlaf (Theta-Zustand) sinken, befinden Sie sich übergangsweise im Alpha-Zustand. Im normalen Wachzustand (Beta-Zustand) befinden Sie sich tagsüber.

GEHIRNWELLEN

1.) Beta Wellen (Frequenzbereich 13 bis 30 Hz)
Normaler Wachzustand

2.) Alpha Wellen (Frequenzbereich 6 bis 12 Hz)
Tief entspannter Zustand (Optimal für Suggestionen)

3.) Theta Wellen (Frequenzbereich 3,5 bis 6 Hz)
Schlafzustand

4.) Delta Wellen (Frequenzbereich 0,5 bis 3,5 Hz)
Wenn ein Mensch im Koma liegt, spricht man vom Deltazustand

NÜTZLICHE GEDANKEN DENKEN

Wenn Sie keine Kontrolle in Ihr „Gedankenchaos" bekommen, dann sind Sie nicht der Chef im Ring. Ihr bewusster Verstand ist sozusagen der Türsteher am Tor zu Ihrem Unterbewusstsein. Das Unterbewusstsein entscheidet nicht nach richtig und falsch, sondern nimmt alles auf, was der bewusste Verstand akzeptiert. Deshalb stelle ich mir oft die Frage: **Ist das eigentlich gerade richtig und vor allem nützlich, was ich jetzt denke?**

FUSSBALLVERRÜCKT

Wenn ich etwas wirklich liebe, dann ist es Fußball. Ja, ich bin Fußballverrückt und zum Glück teilt meine Familie diese Leidenschaft mit mir. Hier wiederum ein sehr einfaches Beispiel aus meinem Leben. Ich bin sehr begeistert, dass ich mit über 50 noch so fit bin, dass ich mit 20-jährigen Jungs Fußball spielen kann. Als Torwart geht das natürlich noch ganz gut. Wir spielen ungefähr 1 ½ Stunden in einer Soccerhalle mit Rundumbande und Netz, so dass der Ball pausenlos im Spiel ist. Das bedeutet für mich als Torhüter: Der Ball ist permanent im Spiel und ich brauche kurze schnelle Reaktionen und muss auch gedanklich ständig am Spiel teilnehmen. Bevor wir zum Fußball gehen, lege ich mich auf das Sofa und schließe meine Augen.

GEDANKENTRAINING

Nun stelle ich mir bildlich vor, dass ich die unglaublichsten Bälle abwehre und topfit bin. Ich sehe blitzartige Reflexe, die mich selbst erstaunen.

Wenn ich gedanklich alles so weit durchgespielt habe, dass es in mir ein freudiges Gefühl auslöst, dann weiß ich genau, es wird Realität werden. Es erstaunt mich immer wieder, dass es so gut funktioniert. Bei solchen „kleinen Dingen" lässt sich die Funktionsweise des Unterbewusstseins sehr gut testen. Sie bekommen dadurch mehr Vertrauen zu Ihrem „besten Freund". Für mich als Gefühlsmensch ist es ein wichtiger Punkt, dass ich bei meiner Visualisierung ein positives Bauchgefühl spüren kann. Es löst Freude in mir aus. Ich brauche ein Gefühl von Freude, um richtig gut zu sein.

„Lerne vor allem Dich zu freuen! Die wahre Freude ist eine sehr wichtige Sache."
 Seneca

REGELMÄßIGES TRAINING

Das Entwickeln einer stärkeren Vorstellungskraft erreichen Sie aus meiner Sicht nur durch regelmäßiges Üben. Experimentieren Sie ein wenig. Ich vergleiche es mit Fußball. Ohne regelmäßiges Training können Sie nicht richtig gut sein. Hinter jeder noch so großen Leistung, ob sportlich oder als Filmstar, steckt einfach unglaublich viel Arbeit und Training. Wir sehen dann nur den kurzen Moment des Erfolgs.

„Ich redete den ganzen Tag. Und wie bei allem übrigen: Wenn man etwas oft genug macht, hat man es schließlich drauf."
Lee Iacocca

BEIM FUSSBALL IST MIR MEIN SOHN GANZ NAH

Kurz bevor mein Sohn starb, wollte ich eigentlich mit dem Fußball aufhören. Ich war 47 Jahre alt und es fiel mir immer schwerer, weil ich damals Rücken und Knieprobleme hatte. Da mein Sohn Fußball über alles liebte, setzte ich mir zum Ziel, nur für ihn weiter zu machen. Immer wenn ich jetzt auf dem Fußballplatz stehe, ist er in Gedanken ganz nah bei mir. Während ich spiele, fühle ich mich kaum älter als 30 und bin fit wie nie zuvor.

TURNIERSIEGE FÜR ALEX

Nachdem ich mich entschlossen hatte, mit Alex im Herzen Fußball zu spielen, geschah ein Wunder nach dem anderen. Ich habe heute noch Gänsehaut, wenn ich daran denke. Wenige Wochen nachdem Alex gestorben war, spielten wir mit der Firmenmannschaft ein internationales Turnier und gewannen dieses sensationell. Unter meinem Torwart-Trikot hatte ich ein T-Shirt an, auf dem ein großes Herz mit der Aufschrift Alex aufgemalt war. Schon vor dem Turnier motivierte ich alle Freunde von

Alex in unserer Mannschaft mit dem Satz: *"Wir spielen heute nur für Alex!"* Die Jungs gingen raus und wir gewannen danach jedes Spiel und anschließend noch drei Turniere in Folge. Das hatte ich in 40 Jahren Fußball noch nie erlebt. Es war einfach nur sensationell und absolut unglaublich.

EMOTIONEN AUSLÖSEN

Was löst bei Ihnen etwas aus? Ist es ein Gefühl, ein Bild oder Film, den Sie vor Ihrem inneren Auge ablaufen lassen. Möglicherweise sind es Stimmen, Musik oder Geräusche, Düfte, die bei Ihnen etwas auslösen. Machen Sie Bilder und Filme in Gedanken größer, heller, farbiger oder was auch immer Ihre Begeisterung erhöht. Stellen Sie sich dabei vor, Sie sind der Regisseur und Sie können den Film so schön gestalten, wie Sie es möchten. Natürlich haben Sie auch ein Mischpult für den Ton. Auch hier können Sie alles perfekt nach Ihren Wünschen einstellen. Trainieren Sie regelmäßig Ihre Vorstellungskraft und übermitteln Sie dem Unterbewusstsein Ihre Vorstellungen. **Wie soll Ihr Leben aussehen? Was möchten Sie noch alles erleben? Welchen Beitrag möchten Sie leisten?** Drehen Sie in Gedanken immer und immer wieder Ihren idealen Lebensfilm.

"Drehe in Gedanken immer wieder den Film Deines Lebens und vergiss dabei nicht, dass Du der Hauptdarsteller bist."
Ralf Michael

GEDANKEN WERDEN REALITÄT

Es gibt doch diesen Satz: **„Ihre Gedanken erschaffen Ihre Realität!"** Genau so ist es auch, daran führt kein Weg vorbei. Es gibt für jedes Problem eine Lösung. Gewöhnen Sie sich an, stets nur das Beste zu erwarten. Erwarten Sie ein Leben in Freude, Gesundheit, Harmonie und Liebe. Großer Erfolg in allen Lebensbereichen steht Ihnen zu und es ist sogar Ihr Lebensrecht. Ihr Unterbewusstsein enthält alles, was Sie suchen. Sie müssen es nur durch richtige Denkweise anzapfen. Deshalb geben Sie sich nicht mit weniger zufrieden. Sie haben ein Anrecht auf all die schönen Dinge. Was hat Sie bisher davon abgehalten? In vielen Fällen ist es das mangelnde Selbstbewusstsein. Vielleicht dachten Sie bisher, Ihnen steht dies nicht zu oder Sie sind es nicht wert. Werfen Sie diese belastenden Gedanken ganz einfach über Bord. Sie brauchen diese jetzt nicht mehr.

„Die Dinge haben nur den Wert, den man ihnen verleiht."
Molière

SELBSTBEWUSSTSEIN STÄRKEN

Ein entscheidender Faktor ist die Arbeit an Ihrem Selbstbewusstsein. **Denn nur ein selbstbewusster und optimistischer Geist kann dem Unterbewusstsein die Gedanken vermitteln, die dazu führen werden, dass sich Ihr Leben in allen Bereichen verbessert.** Ihre Gedanken sind wie ein Same, den Sie in Ihrem Unterbewusstsein einpflanzen. Und natürlich dauert es eine Weile, bis die neue Pflanze (Ihre neue positive Überzeugung) wächst und gedeiht. **Am Selbstbewusstsein lohnt es sich regelmäßig zu arbeiten.** Ich bewundere manchmal die Menschen, die vor Selbstbewusstsein nur so strotzen. Ich habe für mich erkannt, das ist ein Punkt, an dem ich noch arbeiten darf. Ich wurde eben eher zur Bescheidenheit und Zurückhaltung erzogen, doch ich kenne diese Eigenheit von mir und arbeite deshalb regelmäßig daran. Was ist Ihr Punkt?

„Mach genau die Dinge, bei denen Du Dir normalerweise in die Hose machst, das ist absolut genial für Dein Selbstvertrauen."
Ralf Michael

SCHWÄCHEN AKZEPTIEREN

Schauen Sie sich Ihre „Schwachpunkte" genau an und arbeiten Sie daran. Ich habe für mich selbst herausgefunden, dass einige meiner so genannten Schwächen ganz gut zu mir passen und ich deshalb gar nichts verändern will. Ich akzeptiere diese Punkte und sehe es einfach von der lustigen Seite**: „Nobody is perfect!"**

PERFEKTIONISMUS

Kennen Sie Perfektionisten oder sind Sie selbst gar einer? Dann lohnt es sich, daran zu arbeiten. Jetzt mal ganz offen und ehrlich: Perfektionisten stehen sich selbst und anderen sehr oft im Weg. Mir ist klar, dass ich damit einen wunden Punkt bei manchem meiner Leserinnen oder Leser treffe. Verstehen Sie mich jetzt bitte nicht falsch. Auch ich liebe perfekte Lösungen und trotzdem darf es auch einfacher gehen.

„Lieber der erste im Dorf, als der zweite im Senat."
Cäsar

„Perfektionismus raubt nur Lebensfreude, deshalb darf es auch viel einfacher gehen."
Ralf Michael

EINFACH IST BESSER

Die einfachsten Lösungen sind sehr oft die besten Lösungen. Kennen Sie die Bedienungsanleitungen, die kein Mensch mehr versteht? Auch das ist gelebter Perfektionismus. Es steht bestimmt alles drin, doch nur nicht in einer einfachen Sprache, die Ihnen weiter helfen würde. Wenn Sie alles nur perfekt wollen, dann artet das Leben meiner Meinung nach ganz schön in Stress aus. Und das möchte ich gerne vermeiden. **Reicht es nicht manchmal aus, etwas nicht zu genau zu nehmen?** Übrigens kämpfe ich gerade mit meinem eigenen Perfektionismus, während ich an diesem Buch schreibe. Es ist nicht so easy im Word zu formatieren, sodass das Format im mobi-Format für den Kindle gut rüber kommt. Seit einer Woche teste ich alle möglichen Formatierungen und gebe nun meinen Perfektionismus auf, weil ich glaube der Inhalt meines Buches könnte möglicherweise für Sie wichtiger sein als die Formatierung. Deshalb sehen Sie es mir nach, falls die Formatierung nicht ganz perfekt ist, ich habe jedenfalls mein Bestes gegeben und schreibe jede einzelne Zeile mit sehr viel Hingabe wirklich nur für Sie.

WENIGER IST MEHR

Denken Sie darüber nach. Mir hat es auch geholfen zu sagen: **„Es ist gut so wie es ist, weniger ist oft sehr viel mehr."** Perfekt ist gut, wenn es auch einfach geht. Vermeiden Sie zu viel Fernsehen und Lektüre von schlechten Nachrichten in der Zeitung. Ich habe festgestellt, dass ich mittlerweile ganz gut ohne die ständigen Horrormeldungen auskomme. Im Fernsehen schaue ich nur noch bewusst Dinge an, die mich wirklich interessieren. Bei mir ist das natürlich als echter Fußballfan ein gutes Fußballspiel. Ansonsten sehe ich mir nur noch Filme zum Lachen an, den Rest lasse ich weg, weil ich dadurch viel Zeit spare.

„Gib jedem Tag die Chance, der schönste deines Lebens zu werden."
Mark Twain

MEIDEN SIE NEGATIVE MELDUNGEN

Diese Zeit nutze ich, um gute Bücher zu lesen, um selbst zu schreiben oder mehr Zeit mit der Familie zu verbringen. Zum Thema Fernsehen: Die ständig negativen Meldungen aus aller Welt und die viele unnütze Werbung manipulieren Ihr Unterbewusstsein regelrecht. Deshalb gibt es nichts Besseres als darauf zu verzichten. Sie erfahren die wichtigsten Meldungen ja so oder so. Doch müssen Sie wirklich alles wissen? Ich möchte mich mit negativen Meldungen gar nicht zu sehr belasten. Schauen wir doch lieber auf die vielen schönen Dinge in der Welt. Darüber wird viel zu selten berichtet.

„Ich mache einen großen Bogen um negative Menschen und höre mir den ganzen Quatsch auch gar nicht mehr an."
Ralf Michael

FREIZEIT SINNVOLL NUTZEN

Sollte Ihnen das zu langweilig werden, so suchen Sie sich ein schönes Hobby. **Was wollten Sie schon immer tun? Für welchen Sport können Sie sich begeistern?** Meine beste Arbeitskollegin macht **Zumba**. Kennen Sie Zumba? Zumba ist eine Mischung aus Aerobic und überwiegend lateinamerikanischen Tanzelementen. Zumba arbeitet dabei jedoch nicht mit dem Auszählen von Takten, sondern folgt dem Flow der Musik. Im

Gegensatz zum klassischen Aerobic gibt es bei Zumba keinen pausenlos durchgehenden Beat und die Bewegungen sind nicht standardisiert. Stattdessen erhält jedes Lied passend zu seiner Charakteristik und zum Tanzstil eine eigene Choreografie. (Quelle: Wikipedia)

BEGEISTERUNG UND SPASS

Meine liebe Kollegin ist so was von begeistert davon und macht das an mehreren Tagen in der Woche. Dabei hört sie genau die Musik, die sie liebt, lernt verschiedene Tanzschritte und hat auch immer wieder Auftritte mit der Tanzgruppe. Dabei schlägt sie mehrere Fliegen mit einer Klappe: **Sie trifft regelmäßig nette Leute, hat Spaß und Begeisterung, bewegt sich regelmäßig und macht etwas für die Gesundheit und ihre Figur.**

"Wenn Du etwas mit Begeisterung und Spaß machst, dann ist es immer das Richtige für Dich. Mach noch mehr davon."
Ralf Michael

LEUCHTENDE AUGEN

Das ist so ähnlich, wie bei mir beim Fußball. Ich liebe diesen Sport seit meiner Kindheit und kann mir mein Leben ohne Fußball gar nicht vorstellen. Was habe ich davon? Ich treffe nette Leute, die ebenfalls Fußball lieben, ich bewege mich, bleibe fit und ich bin ständig mit jungen Leuten zusammen, was mich selbst auch jung hält. Einmal im Jahr moderiere ich einen sehr bekannten Jugend-Fußball-Event und gebe dort meine Begeisterung in einer Sporthalle vor 2000 Zuschauern weiter. Wenn ich dann die leuchtenden Kinderaugen sehe und die jubelnden Zuschauer höre, dann weiß ich, dass alles gut war. **Beim Fußball kann ich selbst spielen, zuschauen, moderieren oder einfach nur begeistert sein.** Suchen Sie sich ebenfalls die passende Beschäftigung für Ihre Freizeit. Glauben Sie mir, es lohnt sich immer. Es ist gut, wenn Sie dann mehrere Ihrer Leidenschaften voll ausleben können.

SPRECHEN SIE LOB AUS

Bei uns Schwaben heißt es ja immer: „Nicht geschimpft ist genug gelobt!" Wie oft denken wir da hat jemand etwas gut gemacht, doch wir sprechen es nicht aus. Nicht dass derjenige noch überheblich wird, vielleicht abhebt oder sogar den Höhenflug bekommt. Wie sehr freuen Sie sich selbst über ein ehrlich gemeintes Lob, oder Kompliment? Aber hallo, es gibt nichts Schöneres auf der Welt, oder? Warum also sind wir so sparsam damit. Wenn Sie jemanden loben, sehen Sie auch seine Freude und Sie können sich dann mit ihm oder ihr freuen.

„Spare nicht mit Lob! Wenn Du schon unbedingt sparen willst, dann versuche es mit Geld."
Ralf Michael

WENN SIE EINE PERSON LOBEN, DANN LOBEN SIE AUCH SICH SELBST!

Versuchen Sie doch einmal folgende Übung: Sprechen Sie einer Person fünfmal Lob aus. Diese Übung hat es in sich, denn jetzt müssen Sie erst einmal darüber nachdenken, was Sie an der anderen Person toll finden. Das können solche Sätze sein: „Ich finde dein Lächeln einfach toll!" „Du machst einen super Job heute, ich bewundere Deine Freundlichkeit auch in schwierigen Situationen." „Also Du bist immer toll angezogen, das hat echt Stil."

„... und wie wohl tut ein Wort zur rechten Zeit!"
Salomo

LOBEN MACHT SPASS

Ganz ehrlich, mir bereitet es richtig große Freude, jemand zu loben. Es kostet nichts und ich finde es klasse, wenn sich jemand von Herzen darüber freut. Die echte Freude werden Sie jedoch nur wirklich spüren, wenn es sich um ein ehrliches und mit Freude ausgesprochenes Lob handelt. Ich lobe daher nur, wenn ich das auch tatsächlich so meine. Sprechen Sie einfach aus, was Sie an anderen gut finden. Möglicherweise kommt dann ja viel Lob zu Ihnen zurück.

„Ein ehrlich ausgesprochenes Lob tut auf jeden Fall richtig gut."
Ralf Michael

SPASS IM BERUF

Als Ausbildungsleiter bin ich unter anderem für unsere Ausbildungsprojekte verantwortlich. Sie können mir glauben, hier bringe ich meine Vorlieben ein. Ich moderiere unsere Workshops und vermittle mit Begeisterung und Freude mein Wissen über Kommunikation oder Produkte. In unseren Projekten geht es auch um die Themen **Teamwork und Motivation** und genau das liebe ich ja selbst.

„Wenn es mir keinen Spaß macht, dann lasse ich es einfach sein."
Ralf Michael

TEAMWORK
Kennen Sie die Definition von Team?
T= Toll
e= ein

a= anderer

m = macht es

So sollte Team natürlich nicht definiert sein. Unter Team verstehe ich etwas ganz anderes. Wir machen Ausflüge oder Teamevents mit den Azubis. Wie genial ist es zum Beispiel in einem Waldseilgarten, den Teamwork-Gedanken bei spannenden Aufgaben oder Wettbewerben zu vermitteln. Das ist genau mein Ding, da leuchten meine Augen und unsere Azubis schwärmen von unseren tollen Aktionen.

„Man muss sich gegenseitig helfen, dass ist ein Naturgesetz."
Jean de la Fontaine

ALLE SINNE ANSPRECHEN

Bei den Workshops setze ich Fotos, Filme und gute Musik ein. Damit werden alle Sinne angesprochen und es macht allen Beteiligten Riesenspaß. Meine beste Arbeitskollegin unterstützt mich bei allen Projekten großartig und ist selbst mit viel Freude und Motivation dabei. Ich liebe solche Projekte absolut. **Wir freuen uns dann immer wie kleine Kinder**, wenn eine neue Aktion ansteht.

„Freue dich ab und zu wie ein kleines Kind, das ist einfach ein herrliches Gefühl."
Ralf Michael

VORBILDFUNKTION

Die Ausbilder machen jede Übung oder Aktion natürlich selbst auch mit. Das nenne ich **Vorbildfunktion**. Sie können mir glauben, da bleibe ich sportlich sehr fit. **Machen Sie soviel wie möglich Dinge, die Ihnen Spaß machen auch im Beruf.**

„Viele reden nur, ganz wenige können Dir wirklich zeigen, wie etwas besser funktioniert."
Ralf Michael

EINE LUSTIGE METAPHER

Wissen Sie, was eine Metapher ist? Der ein oder andere Coach verwendet diese, um etwas bildhaft darzustellen, oder auch um wichtige Informationen besser im Unterbewusstsein zu verankern. Wir hatten ein Team Event mit unseren Azubis. Unser Coach wollte uns über die einzelnen Finger der Hand etwas über Teamgeist verdeutlichen, dabei schaffte er es, dass ich heute noch laut darüber lache.

DU SCHAFFST ES + SCHAUE AUF DICH SELBST

Der Daumen steht für Daumen hoch, positives Denken oder für **„Ja, Du schaffst das"**. Der ausgestreckte Zeigefinger heißt ja sehr oft: „Du bist schuld!"

Das sollten Sie drehen in:

„Zuerst schaue ich auf mich, bevor ich andere beschuldige."
Autor unbekannt

RESPEKT + ENGAGEMENT IM TEAM

Dann kam unter großem Gelächter der Mittelfinger, der sogenannte „Stinkefinger" dran. Hier sagte unser Coach doch allen Ernstes, dass dieser Finger **Respekt** bedeutet. Die Bedeutung des Ringfingers wurde mit **Engagement im Team** definiert. Unsere Auszubildende Greta bezeichnete diesen Finger in Anspielung auf so manche Ehe als Symbol für Gefangenschaft und hatte deshalb die Lacher ebenfalls auf ihrer Seite.

ACHTEN SIE AUF ALLE DETAILS

Der kleine Finger weist darauf hin, dass die Kleinigkeiten sehr oft nicht zu unterschätzen sind. Achten Sie auf alle Details. Oft sind es auch gerade die kleinen Schritte, die Sie im Leben entscheidend weiter bringen.

DIE METAPHER ZUSAMMENGEFASST:

1.) **Daumen: Daumen hoch, positiv, optimistisch.**

2.) **Zeigefinger:** Schauen Sie zuerst auf sich selbst, bevor Sie mit dem Finger auf Andere zeigen.

3.) **Mittelfinger:** Zeigen Sie anderen gegenüber Respekt.

4.) **Ringfinger:** Zeigen Sie Engagement und Einsatz, auch im Team

5.) **Kleiner Finger:** Achten Sie auf jede Kleinigkeit

LACHANFALL

Nachdem wir schon die Heimreise mit unseren drei Firmenfahrzeugen angetreten hatten, arbeitete diese lustige Metapher bei mir noch unermüdlich weiter. Ich bat meinen Azubi auf der linken Spur der Autobahn direkt neben dem vor uns fahrenden Auto zu fahren, in dem einige der anderen Azubis saßen. Dann machte ich meiner Ausbilder-Kollegin Kristyna auf dem Beifahrersitz den Vorschlag, dass wir unseren Azubis doch jetzt den nötigen Respekt erweisen könnten. Da sie mich mittlerweile sehr gut kennt, verstand sie sofort, dass ich den Autofahrergruß mit dem Mittelfinger („Stinkefinger") meinte! Wir streckten also beide den Mittelfinger in Richtung anderes Auto. Die Azubis im Fahrzeug neben uns schauten zunächst extrem entsetzt. Das hatten Sie von Ihren Ausbildern absolut nicht erwartet! Es dauert noch gut eine halbe Minute, bis dann alle zu lachen anfingen, als endlich der Groschen gefallen war, dass es hier um die Metapher ging.

„Der verlorenste aller Tage ist der, an dem man nicht gelacht hat."
Nicolas Chamfort

RESPEKT ERWEISEN

Bei der nächsten Rast sagten wir dann zum Spaß, dass wir uns doch im Betrieb künftig mit hochgehobenem Mittelfinger begrüßen können, um uns gegenseitig Respekt zu erweisen. Interessant wäre es doch, auch seinen Chef mal so zu begrüßen. Ich rate Ihnen jedoch davon ab, bevor Sie ihm diese Metapher nicht wirklich sehr ausführlich erklärt haben.

„Nimm dich selbst nicht zu ernst und zeige anderen gegenüber Respekt."
Ralf Michael

MACHEN SIE DEN BERUF PASSEND

Wenn Ihr Beruf nicht zu Ihnen passt, machen Sie es passend. Wie soll das denn gehen, höre ich Sie gerade fragen. Es geht, wenn Sie genau wissen, was Sie wollen. Ich wusste immer schon, dass ich Freude daran habe, mit jungen Menschen zu arbeiten. Deshalb habe ich die Meisterprüfung und die Ausbildereignungsprüfung absolviert und mit „sehr gut" bestanden. Danach war ich erst für einen Auszubildenden als Ausbilder zuständig. Mittlerweile bin ich als Ausbildungsleiter für alle 11 Azubis in unserem Betrieb zuständig und kann jetzt Dinge machen, die mir wirklich großen

Spaß machen. Suchen Sie Ihr Betätigungsfeld und qualifizieren Sie sich dafür.

"Je mehr Vergnügen du an deiner Arbeit hast, desto besser wird sie bezahlt."
Mark Twain

"Und falls Du noch nicht gut bezahlt wirst, hab wenigstens Spaß."
Ralf Michael

LIEBEN SIE, WAS SIE TUN

Es gibt einen sehr guten Satz: **"Love it, change it or leave it!"** Wenn Sie lieben, was Sie tun, ist alles gut. Wenn das nicht der Fall ist, ändern Sie es so, dass sie es lieben können. Sollte das nicht funktionieren, dann lassen Sie es ganz sein. Notfalls suchen Sie einen anderen Arbeitgeber, der Ihnen die Chance ermöglicht. **Es gibt nur diese drei Möglichkeiten im Leben.** Wenn Sie konsequent danach handeln, werden Sie immer das Richtige tun.

"Wenn Du liebst, was Du tust, dann wirst du nie wieder in deinem Leben arbeiten."
Konfuzius

    1.) **Sie lieben, was Sie tun**

    2.) **Sie ändern es so, dass Sie es lieben können**

3.) Wenn es nicht zu ändern ist, dann lassen Sie es sein

BEISPIEL: LOVE IT

Ich war verantwortlich für den Messestand unserer Firma bei der Bildungsmesse 2012 in Ulm. Bereits im Vorfeld der Messe machte ich nur noch, was ich wirklich liebe. Ich gab mein Wissen als Coach mit Freude und Begeisterung weiter und arbeitete mit jungen Menschen. Ich veranstaltete drei Workshops, um unsere Auszubildenden für die Messe fit zu machen. Dabei setzte ich Musik und Filme ein, machte Rollenspiele, um die Kommunikation am Messestand mit unserem Nachwuchs zu trainieren. Ich machte alles, was ich als Coach gelernt hatte und was vor mir noch niemand in unserer doch noch etwas konservativen Firma eingesetzt hatte.

SPASS BEI DER ARBEIT

Dann testeten wir regelmäßig unser Messespiel. Ich war wochenlang nur am Lachen und hatte viel Spaß an der Arbeit. Eigentlich spielte ich nur noch und arbeitete gar nicht mehr. Obwohl ich insgesamt natürlich schon viel arbeitete (Workshops vorbereiten, Workshops abhalten, Organisation, Messespiel testen, Messestand planen, Messe-Vorbesprechungen abhalten und noch Vieles mehr…), hatte ich niemals das Gefühl, wirklich zu arbeiten. Es war einfach alles nur noch ein großer Spaß für mich.

ZWEIFLER HABEN KEINE CHANCE

Als wir dann am Messestand waren (11 AZUBIS und 4 Ausbilder), konnte ich nicht fassen, wie das alles von selbst lief. Kurz vor der Messe erkrankte unser Personalleiter, so dass wir diesen so ganz nebenbei auch noch vertreten durften. Wie sollten wir das schaffen? Ich wusste nur, ich stecke jetzt meine ganze Liebe und mein ganzes Herz in dieses herrliche Projekt mit jungen Menschen und lasse mich einfach von nichts und niemandem mehr aufhalten. Schlecht gelaunte Menschen und Zweifler hatten bei mir keine Chance!

MOTIVATION PUR

Meine wunderbare Kollegin aus der Personalabteilung half bei mir aus und es war der Wahnsinn, wie wir uns gegenseitig motivierten und wie viel Spaß wir an allen drei Tagen hatten. Ständig hatten wir neue verrückte Ideen. Kein Detail wurde vergessen, alles, was am Stand passierte, wurde von uns fotografiert. Es lief einfach nur perfekt! Wir leisteten Unglaubliches. Innerhalb kürzester Zeit verstand ich mich blind mit meiner Kollegin Kristyna. Wir wussten beide stets genau, was zu tun war.

„Wenn Arbeit einfach nur Spaß macht, dann gibt es keine Arbeitszeit mehr."
Ralf Michael

HÖREN SIE NICHT AUF ZWEIFLER

Und das Beste daran:

Ich habe nicht auf einen einzigen Menschen gehört, der seine Bedenken an der Messe oder am Konzept schon im Vorfeld geäußert hatte. Ich habe einfach nur immer weiter daran geglaubt und das gemacht, was ich liebe! Ich habe mir deshalb vorgenommen, künftig noch viel mehr von dem zu tun, was ich wirklich von Herzen liebe.

Deshalb empfehle ich Ihnen:

MACHEN SIE NOCH MEHR VON DEM, WAS SIE WIRKLICH LIEBEN!

Dadurch ziehen Sie sehr viel mehr von dem an, was Sie lieben.

„Lass die Zweifler reden und mach einfach nur noch dein eigenes Ding."
Ralf Michael

LIEBEVOLL LOSLASSEN

Können Sie loslassen? Ich finde, von Herzen und dazu auch noch liebevoll loszulassen, ist eine sehr sportliche Aufgabe. Denn es gibt so viele unnütze Emotionen, die uns nur schaden oder im schlimmsten Fall zu schlimmen Krankheiten führen, wenn wir unsere Seele zu lange damit belasten. Was ist damit gemeint? **Ärger, Wut, Hass, Eifersucht, Zorn und Missgunst sind geistiges Gift, das Ihre Gesundheit auf Dauer schädigt.**

„Schmeiß die ganzen schlechten Gefühle in den Müll, Du brauchst sie nicht wirklich."
Ralf Michael

HALTEN SIE ABSTAND

Deshalb vergeben Sie jedem Menschen und zwar um der eigener Gesundheit willen, nicht etwa weil Sie den anderen Menschen so sehr mögen. Natürlich gibt es diverse Mitmenschen, die uns wahrlich zur Weißglut treiben können. Auch ich kenne genügend dieser Personen, die das bei mir regelmäßig schaffen. Da hilft nur eins. Halten Sie Abstand, meiden Sie diese Personen und lassen Sie alle schädlichen Gefühle so schnell wie möglich los. Am besten wünschen Sie der Person in Gedanken alles erdenklich Gute und halten Sie dann einfach Abstand. Wenn Sie sich selbst in Hass oder Wut hineinsteigern, dann haben Sie nämlich das Problem!

„Ich halte großen Abstand zu schlecht gelaunten Menschen, Wichtigtuern oder Pessimisten."
Ralf Michael

Es hat sich gelohnt, dass Sie das Buch soweit gelesen haben, denn jetzt haben wir das L vom **RALF-Prinzip** gefunden.

L = LIEBEVOLL LOSLASSEN, LÄCHELN UND LOCKER BLEIBEN

Lassen Sie alles liebevoll los, was nicht mehr zu Ihnen gehört oder was Ihnen unnötigerweise Schmerzen und Kummer bereitet. Davon hatten Sie nun schon genug im Leben, das brauchen Sie ab jetzt nicht mehr.

Lassen Sie alles völlig los, was Sie niederdrückt und ich garantiere Ihnen, Sie werden ein neues Leben beginnen. Alles, was Sie loslassen, wird von Gott durch etwas Besseres ersetzt.

BRAUCHEN SIE SCHLECHTE GEFÜHLE?

Sie können Materielles loslassen (Besitz wie Autos, Wohnungseinrichtung, Kleidung), Sie können Menschen loslassen und auch schlechte Gefühle. Brauchen Sie diese ganzen negativen Gefühle? Also ich kann auf die meisten sehr gern verzichten, denn es fühlt sich für mich einfach nicht prickelnd an. Ich habe schon Trennungen erlebt, da haben sich die ehemaligen Partner jahrelang gegenseitig fertig gemacht. Da wurden Anwälte eingeschaltet, Fehler beim Anderen gesucht. Hass, Wut, Eifersucht, Missgunst das volle Programm. Wenn ich mir sie heute anschaue, sehen sie verbraucht, zermürbt und krank aus. Egal, was der Partner/in gemacht hat, das ist es nicht wert. Die Alternative zu 5 Jahren Rosenkrieg wäre gewesen, dem anderen liebevoll alles Gute zu wünschen und ihn einfach los zu lassen. Er/sie soll sein/ihr eigenes Leben ohne mich leben und dabei glücklich werden und ich darf mit einem neuen Partner ebenfalls wieder glücklich sein.

"Das Rezept für Gelassenheit ist ganz einfach: Man darf sich nicht über Dinge aufregen, die nicht zu ändern sind."
Helen Vita

Auf den Punkt gebracht: WIE SIE DAS UNTERBEWUSSTSEIN ÜBERZEUGEN

1.) Überprüfen und ändern Sie falsche Überzeugungen

2.) Nutzen Sie die Kraft von Affirmationen

3.) Übermitteln Sie dem Unterbewusstsein nur, was Sie wollen

4.) Drehen Sie schwierige Themen einfach um

5.) Ändern Sie hartnäckige Glaubenssätze aus der Kindheit

6.) Arbeiten Sie am Selbstbewusstsein

7.) Nutzen Sie die Macht Ihrer Vorstellungskraft

8.) Achten Sie auf die ersten und letzten Gedanken des Tages

9.) Kommen Sie täglich mindestens 15 Min. zur Ruhe (Meditation)

10.) Tun Sie regelmäßig etwas, was Sie lieben

11.) Lassen Sie liebevoll unerwünschte Emotionen los

12.) Beschäftigen Sie sich mehr mit positiven, als mit negativen Dingen

13.) Bauen Sie im Beruf Dinge ein, die Sie lieben

Werkzeugkasten:

1.) Hören und lesen Sie täglich Ihre Affirmationen

2.) Finden Sie heraus, was Sie lieben

3.) Nutzen Sie die Möglichkeiten des Unterbewusstseins

Kapitel 6: Wie Sie Zeit gewinnen für Dinge, die Spaß machen

Wäre es nicht wunderbar, endlich Zeit zu haben für all die Sachen, die Ihnen so richtig Spaß machen? Wertvolle Lebenszeit ist Ihr kostbarstes Gut, deshalb überlegen Sie ganz genau, mit wem oder mit was Sie diese Zeit verbringen wollen. Wenn Sie Millionär wären, dann wäre das sehr einfach, denken Sie jetzt vielleicht.

PARETO-PRINZIP NUTZEN

Die gute Nachricht ist: Sie müssen weder Millionär oder sonst etwas sein, es gibt auch Möglichkeiten für ganz normale Menschen, wie Sie und ich. Einige berufliche Zeitdiebe haben Sie ja schon in Kapitel 2 kennen gelernt. Nutzen Sie bitte konsequent das Pareto-Prinzip und machen Sie nur die 20% der Tätigkeiten, die Ihnen wirklich etwas bringen oder solche, die Ihnen Mörderspaß bereiten. Dehnen Sie dieses Wissen doch auch auf Ihren privaten Bereich aus.

WIE WICHTIG SIND SIE?

Sind Sie eine dieser wichtigen Führungskräfte, die immer erreichbar sein müssen und alles selber machen müssen, weil die anderen es nie so gut wie Sie machen? Auch ich bin Führungskraft, doch jeder einzelne Mitarbeiter ist viel wichtiger als ich. Ohne meine Mitarbeiter wäre ich Nichts. Der bekannte Komiker Bülent Ceylan brachte es bei seinem Auftritt in der Ratiopharm Arena in Neu-Ulm auf den Punkt. Er lief durch die ausverkaufte Halle und blieb dann bei ein paar reservierten „VIP-Plätzen" stehen und sagte: „Wieso steht denn da reserviert? Seid ihr ganz besonders wichtig? Niemand ist wichtig, außer vielleicht der Reinigungsfrau, die anschließend alles wieder sauber macht!" Bülent hat mir so aus dem Herzen gesprochen. Sehen Sie sich doch bitte nicht als wichtiger an, als Sie es tatsächlich sind. **Jeder ist wichtig, der seine Aufgabe gut und mit Freude und Begeisterung erfüllt.**

BESTANDSAUFNAHME

Machen Sie nun eine kleine Bestandsaufnahme, indem Sie folgende Fragen beantworten: **Was muss heute erledigt werden? Wer kann mich dabei unterstützen, welche Aufgaben kann ich abgeben? Was ist die unangenehmste Aufgabe?** Erledigen Sie die unangenehmste Aufgabe bitte zuerst, damit wird der Weg frei zu den Spaß bringenden Sachen. Warum ist das so wichtig? Weil Sie die unangenehme Aufgabe sonst den ganzen Tag vor sich her schieben und Ihnen dann die Aufgaben, die Ihnen normalerweise Freude bereiten, auch nicht leicht von der Hand gehen.

„Arbeiten, die ich nicht mag, müssen sofort erledigt werden, damit ich wieder Spaß habe."
Ralf Michael

AUFGABEN ABGEBEN

Was kann ein anderer genau so gut erledigen wie ich? Diese Frage befreit unglaublich. Es gibt genügend Menschen (Arbeitskollegen/innen, Bekannte, Freunde, Nachbarn), die sehr gerne erledigen würden, was Sie eben nicht so gerne tun. Geben Sie es mit Freude ab, delegieren Sie. **Beim Delegieren sollten Sie jedoch darauf achten, dass der andere die vollständige Information erhält, wie die Aufgabe auszuführen ist.** Nur wenn Sie richtig delegieren, kommt nicht wieder alles zu Ihnen zurück. Deshalb ist es anfangs etwas mühevoll, doch unter dem Strich lohnt es sich für Sie. Deshalb geben Sie alles ab, was Sie nur können. Sie quälen sich jedes Jahr tagelang mit der Einkommenssteuer? Geben Sie es ab, bezahlen Sie jemanden dafür. Sie wollen Zeit frei bekommen für Dinge, die Ihnen Freude bereiten.

DELEGATION DER DOKUMENTATION

Ein Beispiel dazu aus meinem Betrieb. Ich hatte eine sehr gewissenhafte Kollegin, die übergenau ihre Ablagesysteme pflegte und alles bestens dokumentierte. Dokumentation ist heutzutage im Zusammenhang mit allen Managementsystemen (DIN-ISO, VDA usw.) eminent wichtig. Ich selbst bin eher ein Chaot in Sachen Dokumentation, deshalb beschloss ich, den ganzen Kram meine Kollegin machen zu lassen. Was glauben Sie, wie sie sich gefreut hat, das zu tun. Sie kontrollierte meine Ablage nun regelmäßig und ermahnte mich zur Ordnung, wenn ich mal wieder zu schlampig war. Das ist doch genial, ich konnte mich mehr um kreative Dinge kümmern und meine Kollegin hat meine Ablage fit gehalten.

DAS LEBEN DARF EINFACH SEIN

Idealerweise war es genau das, was sie tun wollte und für mich das, wozu ich überhaupt keine Lust habe. Das Leben ist für uns beide einfacher geworden. Ich konnte mich nun viel mehr mit Aufgaben beschäftigen, die mir absolut Spaß machen und meine Kollegin erledigte die gesetzlich vorgeschriebenen Dokumentationen oder sonstigen Schreibkram absolut vorbildlich. Ich wusste das sehr zu schätzen und bedankte mich regelmäßig bei meiner fleißigen Kollegin. Aus meiner Sicht sollte es für alle Beteiligten passen, so dass jeder dann seinen Part richtig gut und mit

Freude macht. Daher rate ich auch davon ab, irgendjemand so etwas einfach zu übertragen, ohne vorher zu fragen, ob er das tun möchte. Eine wichtige Regel dabei ist:

FRAGEN UND BITTEN SIE. DANN ERHALTEN SIE IN DER REGEL WAS SIE WOLLEN. Wenn Sie einige Ihrer ungeliebten Aufgaben abgeben konnten, dann überlegen Sie sich, welche Aufgaben Ihnen Freude machen würden. Danach übernehmen Sie dann solche Bereiche, die Ihnen Spaß machen.

„Gib Aufgaben ab, doch bitte und frage den anderen, ob er diese Dinge gerne für dich erledigen will. Wenn ja, ist alles gut."
Ralf Michael

HAUSARBEIT VEREINFACHEN

Auch zu Hause funktioniert das. Teilen Sie die häuslichen Tätigkeiten so ein, dass jeder mindestens eine Sache macht, die er/sie auch gerne macht. Den Rest können Sie dann ja halbwegs sinnvoll aufteilen. Natürlich bereitet Ihnen nicht jede Tätigkeit gleich viel Spaß. Wenn es etwas gibt, was keiner gerne tut, sollten Sie sich Gedanken machen, wie Sie es reduzieren oder abgeben können. Oftmals stecken wir so in unseren Alltagsgedanken fest, dass uns da nichts einfällt. Einfache Beispiele: Wenn Sie Geschirrspülen absolut hassen, dann muss eben ein Geschirrspüler sein, falls Sie noch keinen haben. Sollte Bügeln nicht Ihre favorisierte Tätigkeit sein, dann ist ein Bügelautomat oder vielleicht sogar ein Bügelservice das Richtige für Sie. Seien Sie kreativ, es gibt viele Lösungsmöglichkeiten, Sie müssen sich nur mal Gedanken zu dem Thema, welches Sie am meisten beschäftigt, machen.

ORGANISATION DER TÄTIGKEITEN

Machen Sie doch mal eine Bestandsaufnahme Ihrer Tätigkeiten. Teilen Sie die Tätigkeiten in zwei Spalten ein: **Das mache ich sehr gerne und das will ich überhaupt nicht machen.** Schon beim Auflisten der Dinge wird einiges bewusst. Wenn die Auflistung erledigt ist, suchen Sie gemeinsam mit der ganzen Familie nach Lösungen. **Wie können die Dinge, die Sie nicht lieben, künftig organisiert werden?**

„Mache regelmäßig eine Bestandsaufnahme deines Lebens. Schmeiß dabei alles raus, was nicht zu Dir passt."
Ralf Michael

SPASSBREMSEN ELIMINIEREN

Wenn Sie alle „Spaßbremsen" gefunden und erfolgreich eliminiert haben, dann überlegen Sie sich, wie Sie in der frei gewordenen Zeit nun die Dinge tun können, die Ihnen Spaß machen. Ich liste mal einige Möglichkeiten auf, wählen Sie selbst, was Ihnen gefallen würde: Ein schönes Wellness-Wochenende, eine Shopping-Tour, zum Essen gehen, mit Freunden auf eine Party gehen, sich eine Massage gönnen, Eis essen, Fallschirmspringen, ein Kinobesuch oder einfach nur faulenzen. Das können nur ein paar Anregungen sein, denn ich kenne Ihre Vorlieben ja nicht.

„Gibt es schließlich eine bessere Form, mit dem Leben fertig zu werden, als mit Liebe und Humor?"

Charles Dickens

WICHTIGE NOTIZEN

Viele Autoren empfehlen wichtige Punkte aufzuschreiben. Ich selbst habe am Anfang solche Bücher gehasst. Ist das jetzt ein Buch, bei dem ich entspannen kann, oder soll ich Hausaufgaben machen? Diese Frage habe ich mir oft gestellt und die Bücher dann einfach nur gelesen und den Inhalt genau so schnell wieder vergessen. Erst nach dem Lesen vieler Bücher bin ich dazu übergegangen, mir die wichtigsten Erkenntnisse in Kurzform aufzuschreiben. Und erst dann haben mir die Bücher auch wirklich etwas gebracht. Kennen Sie den Spruch: **„Wer schreibt, der bleibt!"** Dies gilt besonders in der geschäftlichen Welt, wenn man nach einem halben Jahr beweisen soll, was vereinbart wurde. Es hat also seinen guten Grund, weshalb ich am Ende von jedem Kapitel eine Zusammenfassung der wichtigsten Punkte mache. Nutzen Sie die Ratschläge aus vielen Büchern und **schreiben Sie die wichtigsten Punkte auf.** Nur so überzeugen Sie Ihr Unterbewusstsein, dass da etwas Wichtiges kommt.

NUTZEN SIE EINEN ERFOLGSORDNER

Folgende Ratschläge aus anderen Büchern habe ich für mich als sinnvoll angesehen und daher übernommen: **Erfolgsordner, Dankbarkeitsbuch, Affirmationen selbst sprechen und auf CD brennen.** In meinem Erfolgsordner werden die wichtigsten Ziele oder abonnierte Newsletter zum Thema Erfolg abgeheftet. Hier mache ich mir regelmäßig Notizen oder diverse Bestandsaufnahmen. **Wo stehe ich gerade? Wo will ich hin? Was muss ich dafür tun?** In meinem Dankbarkeitsbuch trage ich täglich mindestens 10 Dinge ein, für die ich dankbar bin. Um meine wichtigsten Affirmationen regelmäßig zu hören, habe ich diese mit dem Mikro am PC aufgenommen und auf CD gebrannt. So kann ich mir meine **„Erfolgssätze"** regelmäßig zum Einschlafen auf dem MP3-Player anhören.

„Im Erfolgsordner ist alles abgeheftet, was mir persönlich wichtig ist. Meine Vision, meine Ziele, wichtige Leitsätze, motivierende Zitate und alles, was mich sonst noch so ankickt."

Ralf Michael

WERDEN SIE AKTIV

Wenn Sie wirkliche Veränderungen im Leben herbeiführen wollen, dann dürfen Sie auch wirklich etwas dafür tun. Gerade bei diesen Auflistungen oder Bestandsaufnahmen finden Sie so viel über sich selbst heraus. Es kostet anfangs Überwindung und Konzentration, doch es lohnt sich. Dann wird der Weg frei zu den Dingen, die Sie mit Freude erfüllen. Woher ich das weiß? Sie können mir glauben, dass ich alles worüber ich schreibe, selbst schon getestet habe.

ERFAHRUNGEN AUS DER PRAXIS

Wissenschaftliche Erklärungen (warum unser Gehirn so arbeitet usw.) erspare ich Ihnen, dafür gibt es genügend geeignete Bücher, in denen Sie das bei Bedarf nachlesen können. Ich kann Ihnen nur meine Erfahrungen aus der Praxis anbieten und hoffe sehr, dass Ihnen eines meiner Beispiele den nötigen Impuls liefert. Im ersten Moment sieht es nun ganz so aus, als müssten Sie für Ihren Erfolg doch ganz schön Zeit investieren. Das mag auf den ersten Blick so sein, doch wenn Sie erst einmal wissen, was Sie nicht mehr benötigen, dann sparen Sie sehr viel Zeit, die dann sehr sinnvoll eingesetzt werden kann.

KLEINE SCHRITTE GEHEN

Gehen Sie einfach jeden Tag einen kleinen Schritt. Und fragen Sie sich stets: **"Wie kann ich das tun, was in mir die größte Freude auslöst?" "Was erweckt unglaubliches Feuer in mir?" "Was würde ich unbedingt tun wollen, auch wenn ich 3 Millionen Euro auf dem Konto hätte?" "Was berührt mein Herz?" "Welchen Beitrag möchte ich in meinem Leben geleistet haben?"** Ich verspreche Ihnen, wenn Sie sich mit diesen Fragen intensiv beschäftigen, werden die passenden Antworten kommen. Sie werden genau wissen, was Sie tun wollen, was möglicherweise Ihr Auftrag in diesem Leben ist. Tun Sie es einfach und haben Sie Spaß!

"Auch der längste Weg beginnt mit dem ersten Schritt."
Chinesische Weisheit

PRO AKTIV HANDELN

Warten Sie, ob jemand auf Sie zukommt? Da können Sie oft sehr lange warten und wahrscheinlich wird nichts passieren. Der Chef kommt weder mit der längst verdienten Gehaltserhöhung noch mit einem Lob auf

Sie zu. Sie sollten **pro aktiv handeln.** Was bedeutet das genau? **Nehmen wir als Beispiel ein Gehaltsgespräch:** Falls Sie eine Gehaltserhöhung möchten, dann sollten Sie sich sehr gut auf das Gespräch vorbereiten. Listen Sie mindestens 15 Punkte auf, warum Sie diese Gehaltserhöhung verdienen. Diese Punkte sollten der Firma alle einen Nutzen oder eine Ersparnis bringen. Wenn Sie die Liste zusammengestellt haben und jeden Punkt überzeugend vortragen können, dann sollten Sie um einen Termin bei Ihrem Vorgesetzten anfragen. Fallen Sie bitte nicht gleich mit der Tür ins Haus und fragen Sie nach einem Gespräch, bei dem es um Ihren Nutzen für die Firma geht. Dies war ein Beispiel für aktives Handeln.

„Manche Menschen warten nur das ganze Leben, dass sich endlich was ändert oder was passiert. Da kannst Du lange warten, Du musst handeln!"
Ralf Michael

KONZENTRATION AUF DAS WESENTLICHE

Ein weiteres Beispiel aus dem richtigen Leben:

Sie unterhalten sich mit einem Jugendlichen. Die meisten sind heutzutage sehr multitaskingfähig. Das bedeutet, sie können mehrere Dinge gleichzeitig tun. Darauf sind ja auch die Frauen stets sehr stolz. Was passiert dabei? Man kann eine SMS schreiben, kurz die neuesten Mitteilungen auf

Facebook abchecken und sich nebenbei noch unterhalten. Richtig gut ist man nur, wenn man alle Dinge fast zeitgleich schafft. Das ist nichts für mich. Schenken wir aufgrund von vielen Dingen, die wir gleichzeitig tun, den wichtigen Sachen überhaupt noch unsere Aufmerksamkeit?

Meine klare Antwort lautet NEIN!

KONZENTRATIONSÜBUNG

Eine sehr wichtige Eigenschaft von erfolgreichen Menschen ist es, sich auf wenige, dabei auf möglichst nur gewinnbringende Dinge zu konzentrieren. Es reicht völlig aus, täglich nur zwei Aufgaben zu erledigen, diese aber richtig und vollständig.

Nun eine kleine Übung zur Steigerung der Konzentrationsfähigkeit:

Schreiben Sie heute mal alle ihre Ablenkungsursachen auf.

Beispiele sind Handy, E-Mail schreiben, E-Mail lesen, auch gesellschaftliche **Verpflichtungen,** Gewohnheiten usw.

Wenn Sie die Liste erstellt haben machen Sie bitte ihre persönlichen Top-10 Listen. Die größte Ablenkung setzen Sie auf Platz 1, was Sie am wenigsten stört, auf Platz 10.

Top-10 der Ablenkungen:

1.)

2.)

3.)

4.)

5.)

6.)

7.)

8.)

9.)

10.)

Nun wählen Sie aus dieser Liste 3 Ablenkungen aus, auf die Sie Einfluss nehmen können. Versuchen Sie diese 3 Ablenkungen nun 21 Tage lang nicht mehr zuzulassen oder auf ein Minimum zu reduzieren.

Ein Beispiel:

Wenn Sie bisher häufig ihre E-Mails lesen (10 x am Tag), schauen Sie mal, was passiert, wenn Sie es nur noch 3 x am Tag machen.

.

WAS WOLLEN SIE WIRKLICH TUN?

In welchem Bereich (Beruf, Freizeit, Familie) das ist, spielt überhaupt keine Rolle. Machen Sie das, was Sie für Ihre Berufung halten. Alles, was Sie dafür brauchen, ergibt sich dann von selbst. Das Leben ist Ihnen geschenkt worden, damit Sie Freude daran haben und nicht etwa, dass alles nur schwierig ist. **Die schwierigen Erlebnisse oder Ereignisse haben Sie nur dahin geführt, wo Sie jetzt stehen.**

GEHEN SIE IHREN WEG

Es liegt an Ihnen nun den richtigen Weg konsequent weiter zu gehen. **Wollen Sie gerne Menschen helfen? Dann tun Sie es.** Überlegen Sie, wie Sie möglichst vielen Menschen helfen können. **Möchten Sie ein Buch schreiben? Dann machen Sie das.** Ich konnte mir vor einem halben Jahr auch noch nicht vorstellen, dass ich das kann. **Wollen Sie ein überragender Sportler sein? Trainieren Sie, fangen Sie einfach an und konzentrieren Sie sich nur auf das Eine. Sie wollen studieren und etwas Großes erreichen? Vertrauen Sie einfach darauf, dass Sie es schaffen werden.** Das Alter spielt keine Rolle. Es gab schon Menschen, die mit 80 Jahren studiert haben oder noch eine Fremdsprache gelernt haben.

„Mach Dein eigenes Ding mit voller Begeisterung und lass die anderen Ihr Ding so machen, wie sie das wollen."
Ralf Michael

HERZENSWUNSCH VERWIRKLICHEN

Ich wollte unbedingt eine Coach-Ausbildung machen. Das war einfach so ein Herzenswunsch von mir. Dabei hatte ich überhaupt keine Ahnung, ob ich die Zugangsvoraussetzungen dazu habe. Da die Ausbildung dann sogar von meinem Betrieb unterstützt wurde, habe ich alles gegeben, damit ich es schaffe und gut abschneide. Die meisten der Teilnehmer hatten eine höhere Schulbildung und viel bessere Qualifikationen als ich. Es waren Selbständige und auch ein Personalleiter dabei. Der Personalleiter brach auf halber Strecke ab, ich war sehr erstaunt darüber. Doch ich hatte mehr Interesse, den absoluten Willen das zu tun und viel mehr Motivation als alle anderen Schüler. Schon vor der Ausbildung habe ich jede Menge Bücher zu dem Thema verschlungen, während sich die Mitschüler nur im Seminar selbst mit der Materie beschäftigten. Ich wollte wirklich ein guter Coach werden und nicht nur den Titel oder die Qualifikation haben.

„Verwirkliche Deinen Herzenswunsch und mach Dir keine Gedanken über das wie. Tue es einfach, scheißegal, was andere dazu sagen."
Ralf Michael

HÖREN SIE AUF HERZ UND GEFÜHL

Wenn Sie also etwas von Herzen wollen, dann schaffen Sie es garantiert. Hören Sie auf Ihr Herz oder auf Ihre Gefühle. Auch wenn etwas im ersten Moment noch so unmöglich scheint, es wird Wege geben, die Ihnen ermöglichen, das zu tun, was Ihr Herzenswunsch ist. Ihre Schulbildung oder Ihr bisheriger Lebensweg ist überhaupt nicht entscheidend, wenn Sie das Richtige tun.

„Der Verstand kann uns sagen, was wir unterlassen sollen. Aber das Herz kann uns sagen was wir tun müssen."
Joseph Joubert

WIE LANGE HÄLT IHR GLÜCK?

Nehmen Sie sich einfach die Zeit, um mehr Freude in Ihr Leben zu integrieren. Dafür ist das Leben gedacht und nicht dafür, um nur kurzfristige Glücksmomente zu erleben (mein Haus, mein Auto und mein Boot…). Wie lange hält das Glück an, wenn Sie sich ein neues Auto angeschafft haben? Drei Monate oder sogar ein Jahr? Und was ist dann? Dann brauchen Sie wieder etwas Neues und natürlich Besseres.

ICH GÖNNE IHNEN DAS BESTE

Natürlich sollen Sie in Fülle und Reichtum leben. Das steht Ihnen sogar zu und ich gönne Ihnen nur das Beste. Auch ich kaufe mir ab und zu ein neues Auto, doch ich mache mein Glück nicht mehr abhängig von solchen Besitztümern. Stellen Sie sich einmal folgende Frage. Wenn Sie auf dem Sterbebett liegen, was davon ist dann noch wichtig? Die Villa, fünf Autos, 1 Million auf dem Konto, ob Sie viele Ziele erreicht haben oder ob Sie jede Menge To-Do-Listen abgearbeitet haben. Nichts davon können Sie mitnehmen. Sie sind nackt auf diese Welt gekommen und verlassen diese auch wieder nackt. Nicht einmal Ihren Körper können Sie mitnehmen.

WAS IST DER SINN DES LEBENS?

Was also ist der große Sinn des Lebens? Stellen Sie sich folgende Frage: **Wie viel Freude habe ich im Leben gehabt?** Diese Frage möchte ich für mich zufriedenstellend beantworten und mehr nicht. So einfach ist das. Wenn meine Seele etwas mitnehmen soll, dann dass ich mein Leben mit Freude und so gut wie möglich gelebt habe. Und dabei ist es völlig egal, was sich im Außen gerade zeigt. Ich will dieses Gefühl der Freude mitnehmen. Und ich möchte wissen, dass ich nicht umsonst gelebt habe und mein Bestes gegeben habe. Welche Tätigkeit erfüllt Sie? Bei mir ist es gerade das Schreiben. Ich kann endlich mit Ihnen mein Wissen teilen. Ist das nicht großartig? Nachdem wir den Sinn des Lebens erforscht haben, spricht nun nichts mehr dagegen, dass wir uns ausführlich mit dem Thema Ziele setzen beschäftigen. Das Leben kann nur mit Freude gelebt werden, wenn Sie die passenden Ziele festlegen und Ihrem Leben dadurch die richtige Richtung geben.

Auf den Punkt gebracht: WIE SIE ZEIT GEWINNEN FÜR DINGE, DIE IHNEN SPASS MACHEN

1.) Nutzen Sie das Pareto-Prinzip

2.) Geben Sie Aufgaben ab

3.) Machen Sie eine Bestandsaufnahme aller Tätigkeiten

4.) Vereinfachen Sie die Hausarbeit

5.) Nutzen Sie Tools wie Erfolgsordner, Dankbarkeitsbuch und Affirmationen

6.) Verwirklichen Sie Ihren Herzenswunsch

7.) Konzentration auf das Wesentliche

Werkzeugkasten:

1.) Legen Sie einen Erfolgsordner an

2.) Organisieren Sie Ihre Tätigkeiten: Bestandsaufnahme

3.) Nutzen Sie das Pareto-Prinzip

Kapitel 7: Wie Sie die richtigen Ziele setzen und erreichen

Erfolg ist das Erreichen Ihrer persönlichen Zielvorstellung. Egal, ob Sie gesünder sein wollen, persönliche Probleme lösen möchten, ein entspanntes Leben führen oder mehr Geld verdienen wollen, **alles ist möglich.** Öffnen Sie jetzt Ihren Geist für die nahezu unbegrenzten Möglichkeiten.

WO SOLL DIE REISE HINGEHEN?

"Wer nicht so genau weiß, wo er überhaupt hin will, braucht sich nicht wundern, wenn er niemals ankommt." Deshalb empfehle ich an dieser Stelle eine kleine Bestandsaufnahme. Betrachten Sie hierzu bitte alle Lebensbereiche: **Familie/Partnerschaft, Finanzen, Gesundheit, Beruf, Freizeit, Wohnen.** Notieren Sie nun ganz spontan die wichtigsten Ziele in allen Bereichen. Begrenzen Sie sich im ersten Schritt nicht und setzen Sie sich bitte nur Ziele, die Sie sich persönlich wünschen. Ja, es geht hier ausschließlich um Sie, nicht um Ihren Partner oder die Kinder.

„Geh Deinen eigenen Weg und hör auf niemand außer auf Dich selbst, denn es sind Deine Wünsche und Ziele."
Ralf Michael

HILFREICHE FRAGEN

Was hat Ihnen als Kind besondere Freude gemacht?

Welche Hobbies haben Sie?

Welche besonderen Fähigkeiten möchten Sie zur Entfaltung bringen?

Welche unerfüllten Träume haben Sie?

Was wollten Sie schon immer tun in Ihrem Leben?

Was können Sie besonders gut? Welche Talente haben Sie?

Wie sieht Ihre ideale Partnerschaft, Familie aus?

BESTANDSAUFNAHME DER LEBENSBEREICHE

Die wichtigen Lebensbereiche sind:

1.) Beruf/Arbeit

2.) Familie/Beziehungen

3.) Freizeit

4.) Finanzen

5.) Wohnen

Versuchen Sie alle oben genannten Bereiche bei ihren Zielen zu berücksichtigen. Als Erfolg definiere ich nur, wenn es in allen Bereichen gut passt. Nehmen Sie sich jetzt jeden Bereich mal einzeln vor und bewerten Sie Ihre Ausgangssituation:

Wo stehen Sie auf einer Skala von 1-10 im Bereich Beruf/Arbeit?

Die 1 auf der Skala steht für "unterirdisch", die 10 dagegen ist der Bestwert, nennen wir ihn "galaktisch"!

Ich stehe auf einer... und möchte auf die ... kommen.

Ich kann es schaffen und setze ich setze mir folgendes Ziel:

Wo stehen Sie auf einer Skala von 1-10 im Bereich Familie/Beziehungen?

Ich stehe auf einer... und möchte auf die... kommen.

Ich kann es schaffen und ich setze mir folgendes Ziel:

Wo stehen Sie auf einer Skala von 1-10 im Bereich Freizeit?

Ich stehe auf einer... und möchte auf die... kommen.

Ich kann es schaffen und ich setze mir folgendes Ziel:

Wo stehen Sie auf einer Skala von 1-10 im Bereich Wohnen?

Ich stehe auf einer... und möchte auf die... kommen.

Ich kann es schaffen und ich setze mir folgendes Ziel:

Wo stehen Sie auf einer Skala von 1- 10 im Bereich Finanzen?

Ich stehe auf einer... und möchte auf die... kommen.

Ich kann es schaffen und ich setze mir folgendes Ziel:

Nun kennen Sie die Ausgangsbedingungen zum Ziel. Sie benötigen nun natürlich Motivation und Leistungsbereitschaft, um Schritt für Schritt Erfolge zu sammeln, die Sie Ihrem großen Ziel näher bringen werden.

KEINE BEGRENZUNGEN

Seien Sie offen und kreativ in diesem Zielfindungsprozess. Es gibt an dieser Stelle keine Begrenzung. Schreiben Sie bitte alles auf, auch wenn es noch so verrückt ist. Für einen richtigen Zielfindungsprozess benötigt man schon mal ein bis zwei Tage Zeit. Am besten geht so etwas am Wochenende, z.B. wenn schlechtes Wetter ist.

ZIELE ÜBERPRÜFEN

Wenn nun einige Wünsche fest stehen, können wir diese auf die Eignung zu einem echten Ziel überprüfen. Nutzen Sie dazu folgende Fragen:
Ist mein Ziel positiv formuliert?
Ist das Ziel attraktiv, herausfordernd und motivierend?

Was macht das Ziel reizvoll für mich?

Was hätte ich in meinem Leben dadurch gewonnen, welches wichtige Bedürfnis wäre dadurch erfüllt?

Ist das Ziel (selbst) erreichbar?

Ist das Ziel realistisch (glauben Sie daran)?

Liegt die angestrebte Veränderung in Ihrer Macht und in Ihrem Einflussbereich?

Wessen Unterstützung brauche ich dafür?

Ist das Ziel „ökologisch" sinnvoll und verträglich (schadet das Ziel jemand, ist es ethisch)?

Angenommen, das Ziel ist erreicht, mit welchen Wirkungen und Nebenwirkungen muss ich rechnen?

Was wäre der Preis? Was könnte dann schwieriger werden? Wer könnte Einwände haben?

Ist das Ziel konkret messbar?

Was würde ich konkret tun oder anders machen? Wann, wo, mit wem?

Woran würde ich selbst merken, dass ich mein Ziel erreicht habe?

Woran würden es andere merken?

ZIEL FORMULIEREN

Wenn Sie nach der Beantwortung aller Fragen nicht mehr den geringsten Zweifel an der Erreichung Ihres Ziels haben, dann ist es richtig gewählt.

Falls es noch nicht 100% passt, welche Veränderungen sind noch notwendig? Es ist sehr wichtig, alle Kriterien zu prüfen. Sollte es nicht das richtige Ziel sein, dann wählen Sie einfach ein anderes. Eine korrekte Zielformulierung sollte konkret, positiv in der Gegenwart (so, als ob Sie es schon erreicht haben) und mit Endtermin formuliert sein. Möglichst in einem Satz, den Sie sich täglich immer wieder mit Begeisterung vor lesen können.

"Du musst ein Ziel aufschreiben. Wenn Du den formulierten Zielsatz durchliest, musst Du hüpfen können vor Begeisterung! Nur dann kannst du sicher sein, das richtige Ziel gewählt zu haben."
Ralf Michael

BEISPIEL ZIELFORMULIERUNG

Wenn Sie zum Beispiel abnehmen möchten, kann das Ziel lauten: **Ich freue mich über mein Idealgewicht von … kg, es ist wunderbar so gut auszusehen wie ich. Das Ziel ist am 31.12.20... erreicht. DANKE.** Schreiben Sie Ihre wichtigsten Ziele (3 - 5 Ziele) auf ein Kärtchen und tragen Sie es in der Geldbörse oder Handtasche immer bei sich. Schauen Sie die Kärtchen mehrmals täglich an und freuen Sie sich dabei von ganzem Herzen, so als hätten Sie Ihr Ziel schon erreicht. Es ist wichtig, Ihr Ziel mit positiven Emotionen aufzuladen. Das wird Sie motivieren, dran zu bleiben und die erforderlichen Schritte zu tun, um Ihr Ziel zu erreichen.

SMART ZIELE SETZEN

Nutzen Sie für die Zielsetzung das **S.M.A.R.T Konzept.**

SMART steht für:

S = Spezifisch

M = Messbar

A = Attraktiv, angemessen

R = Realistisch

T = Terminiert

Um das Ziel spezifisch zu machen, stellen Sie folgende Fragen: Was genau möchten Sie wirklich? Warum ist Ihnen das wichtig? Wie werden Sie es erreichen? Was müssen Sie unternehmen oder tun? Welche Schritte sind notwendig? Wer kann Sie unterstützen oder Ihnen dabei helfen? Wann genau soll das Ziel erreicht sein?

WICHTIGE ERFOLGSREGEL

Es gibt eine sehr wichtige Erfolgsregel. **Wenn Sie etwas tun wollen, dann tun Sie es innerhalb der nächsten 72 Stunden.** Wenn Sie dies nicht tun, dann tun Sie es nie mehr. Machen Sie nur einen kleinen Schritt innerhalb dieser 72 Stunden. Es reicht auch, wenn Sie nur ein Ziel für einen Lebensbereich auswählen. Wichtig ist nur anzufangen, solange Sie noch motiviert sind. Wann ist der geeignete Zeitpunkt, um anzufangen? Also, wenn sie mich so fragen. **JETZT! Fangen Sie einfach an mit dem ersten Gedanken an, der Ihnen jetzt in den Sinn kommt.**

„Fang doch einfach mal an und bleib dran."
Ralf Michael

LEBENSZIEL

Setzen Sie Ihr Lebensziel möglichst hoch an und Sie werden bemerken, wie schon der Weg zu diesem hohen Ziel ungeahnte Kräfte frei setzt. Folgende Fragen sind für das Lebensziel interessant. **Wer und wie müssen Sie sein, um dieses Ziel erreichen zu können? Welche Möglichkeiten gibt es jetzt, um einen Schritt näher zum Ziel zu kommen?**

„Setze dein Lebensziel so hoch an, so dass Du deinen Herzschlag deutlich hören kannst."
Ralf Michael

A, B UND C-ZIELE

Im Gegenzug dürfen Sie die kurzfristigen Ziele nicht zu hoch ansetzen. Ein guter Wert wäre 10 – 20% mehr. Die kurzfristigen Ziele sollten möglichst oft erreichbar sein und Sie dazu motivieren, weiter an die größeren Ziele zu glauben. Mit jedem kurzfristigen Ziel, das Sie erreichen, setzen Sie ihre persönliche Erfolgsspirale in Gang. Es beginnt Spaß zu machen, da nun erste Erfolge sichtbar sind.

Teilen Sie die kurzfristigen Ziele in A, B und C-Ziele ein:

A-Ziele:

Müssen umgesetzt werden, damit das Selbstvertrauen nicht leidet.

B-Ziele:

Sind zwar geplant, müssen jedoch nicht unbedingt umgesetzt werden. Kein absolutes MUSS.

C-Ziele:

Müssen Sie nicht erreichen, sollen nicht ganz in Vergessenheit geraten. Können jederzeit angepasst oder ganz ersetzt werden.

RICHTEN SIE IHRE AUFMERKSAMKEIT AUF DIE DINGE, DIE SIE SICH WÜNSCHEN, NICHT AUF DEREN ABWESENHEIT

Wenn Sie sich regelmäßig gute Fragen bezüglich Ihrer Wünsche und Ziele stellen, dann wird sich Ihr Schwingungsfeld entsprechend erhöhen. Seien Sie mit vollem Herzen dabei und glauben Sie an Ihre Möglichkeiten.

WIE SOLL IHR LEBEN AUSSEHEN?

Mit einigen Fragen möchte ich Sie nun inspirieren herauszufinden, wie Ihr Leben wirklich aussehen soll. **Wie sieht Ihr zukünftiger Arbeitsplatz aus? Ist es ein wunderbares Büro, sind Sie angestellt oder selbstständig? Wie sieht Ihr ideales Familienleben/Partnerschaft aus? Wie oft im Jahr machen Sie Urlaub? An welchen schönen Orten? Wie sieht es mit den Finanzen aus? Wie viel Bargeld haben Sie frei verfügbar auf dem Konto? Gibt es passives immer wiederkehrendes Einkommen? Was sind Ihre Hobbies, welche Sportarten möchten Sie mal ausprobieren? Wäre es nicht schön, wenn diese Wünsche in Erfüllung gingen?**

NUR 3% HABEN ZIELE

Falls Sie sich nun tatsächlich mit konkreten Zielen beschäftigen, dann kann ich Sie beglückwünschen. Nur etwa 3% der Menschen tun das. Eine interessante Studie belegt das sehr eindrucksvoll: Eine Gruppe Studenten wurde befragt, was für ein Ziel sie in zwanzig Jahren erreicht haben wollen.

<u>Die Ergebnisse:</u>
87 % der Studenten hatten keine Ziele
10 % hatten zwar Ziele, die jedoch nicht schriftlich festgehalten waren.
3 % hatten Ziele und schrieben diese regelmäßig auf.

Das Ergebnis nach zwanzig Jahren: Die 3 %, die Ziele setzten und diese auch notierten, hatten mehr Geld als alle anderen zusammen. Sie gehören nun möglicherweise zu diesem exklusiven Personenkreis und damit erhöht sich die Chance gewaltig, dass Sie Ihre Ziele erreichen.

"Ziel des Lebens ist die Selbstentwicklung. Das eigene Wesen vollkommen zur Entfaltung zu bringen, das ist unsere Bestimmung."
Oscar Wilde

WERTE BEWUSST MACHEN

Falls es bei der Zielerreichung häufig nicht klappt, kann es daran liegen, dass Ihre Ziele nicht mit den eigenen Werten übereinstimmen und somit ein Scheitern fast vorprogrammiert ist. Ich persönlich halte es für wichtig, die eigenen Werte zu kennen und sich an ihnen bei der Zielsetzung zu orientieren. Die Werte können natürlich in den verschiedenen Lebensbereichen (Beruf, Familie…) recht unterschiedlich sein, deshalb lohnt es sich, die Bereiche getrennt voneinander zu betrachten.

Beispiel: Im Beruf könnte Ihr wichtigster Wert **Geld verdienen** heißen, während bei Beziehungen **Ehrlichkeit** an erster Stelle steht. Machen wir doch gleich den ultimativen Test. Ich liste nun einige Werte auf und Sie streichen für jeden Lebensbereich alle Werte, bis noch drei übrig sind. Dann wissen Sie, welche Ihre wichtigsten Motivatoren sind.

WICHTIGE WERTE

FREIHEIT, SPASS, GELD, ANERKENNUNG, MUßE, RUHM, KOLLEGIALITÄT, EHRE, UNABHÄNGIGKEIT, HARMONIE, SELBSTBESTIMMUNG, ERFOLG, HERAUSFORDERUNG, ABENTEUER, MACHT, SINN, FREUDE, EINFLUSS, VERANTWORTUNG, VERTRAUEN, FRIEDEN, LIEBE, TREUE, GLAUBE, ÄSTHETIK, STATUS, SICHERHEIT, GERECHTIGKEIT, ZEITSOUVERÄNITÄT, DISZIPLIN, GEBORGENHEIT, EHRLICHKEIT, ZUVERLÄSSIGKEIT, BESTÄNDIGKEIT.

FRAGEN, UM WERTE HERAUSZUFINDEN

Was ist Ihnen im Leben sehr wichtig? Was haben Sie in Situationen, in denen es Ihnen gut geht? Nach was streben Sie? Was darf nicht passieren? Was fehlt Ihnen in Situationen, in denen es Ihnen nicht so gut geht? Notieren Sie die Antworten auf diese wichtigen Fragen und ziehen Sie ein Fazit.

Hilfreiches zum Thema Ziele setzen

Wenn Sie ein großes Ziel haben, empfiehlt es sich, dieses in Teilziele zu untergliedern. Wo wollen Sie in 3 Monaten, in einem Jahr oder in 5 Jahren stehen? Welche einzelnen Schritte sind hilfreich, um das Ziel zu erreichen? Welche Erfahrungen der Vergangenheit sind hilfreich? Welche Schritte sind Sie dabei gegangen, als Sie ein Ziel erreicht haben? Was brauchen Sie, um das Ziel zu erreichen? Was dürfen Sie noch lernen? Vielleicht hilft es Ihnen auch, von der Zukunft aus rückwärts zu gehen. Stellen Sie sich dazu vor, Sie haben Ihr Ziel bereits erreicht. Welche Schritte waren erforderlich, um es zu schaffen?

„Wenn Dir nur genug am Angestrebten liegt, wirst Du es erreichen. Willst Du reich werden, so wirst Du reich werden; wenn Du gelehrt werden willst, wirst Du gelehrt werden; willst Du ein guter Mensch werden, wirst Du auch einer. Nur musst Du das Angestrebte tatsächlich wollen. Du musst das, was Du willst, ausschließlich anstreben und darfst nicht gleichzeitig hundert andere Ziele verfolgen, die mit dem Hauptziel unvereinbar sind."
William James

ZIELE VERANKERN

Wählen Sie Ihr wichtigstes Ziel aus und verankern Sie es in Ihrem Unterbewusstsein. Dazu schreiben Sie 3 Wochen lang das Ziel täglich zweimal auf. Während dem Schreiben konzentrieren Sie sich nur darauf, wie Sie Ihr Ziel erreichen. Außerdem sprechen Sie Ihren gut formulierten Zielsatz zweimal täglich laut und überzeugend aus. Sie können das auch während der täglichen Autofahrt machen, damit es niemand hört. Sprechen Sie es laut und überzeugend aus, dann wird sich das Ziel viel schneller verankern.

PERSÖNLICHKEITSENTWICKLUNG

Wenn sich Ihr Leben dauerhaft verbessern soll, ist es notwendig, regelmäßig eine kleine Standortbestimmung zu machen. Ich empfehle Ihnen dies mindestens zweimal jährlich zu tun, noch besser je Quartal. **Verwenden Sie dazu folgende Fragen:** Bin ich noch auf Kurs? Wie läuft meine Persönlichkeitsentwicklung? Was sind meine nächsten Schritte?

Ich empfehle folgende Fragen zu beantworten, um sich ein besseres Gesamtbild zu machen:

Ziehe ich an, was ich ausstrahle?

Was will ich anziehen und was muss ich dazu ausstrahlen? Bin ich der alleinige Gestalter meiner Zukunft? Wenn nicht, was kann ich ändern, wie sollte ich denken? Übernehme ich die volle Verantwortung für mein Leben? In welchen Bereichen noch nicht? Wie kann ich das ändern? Kann ich auf alle meine Erfolge der Vergangenheit stolz sein?

Listen Sie hier alle Ihre Erfolge auf.

Bin ich bereit, mutig und konsequent zu entscheiden, wenn es um mich geht? Wenn nicht, wie kann ich dies noch verbessern? Kann ich meine scheinbar negativen Eigenschaften als Teil meiner Persönlichkeit akzeptieren? **Listen Sie hier die negativen Eigenschaften auf und überlegen Sie, wie Sie damit am besten zurechtkommen.**

Habe ich meine negativen Emotionen im Griff und bin ich in der Lage, innerhalb kurzer Zeit auf eine positive Frequenz zu wechseln? Bin ich stolz auf alle meine Fähigkeiten? **Listen Sie alle Fähigkeiten auf, fragen Sie eine nahe stehende Person, welche Fähigkeiten Sie noch haben.**

Kann ich meine Mitmenschen so akzeptieren, wie sie sind und mein Kontrollverhalten loslassen? **Listen Sie hier alle Mitmenschen auf, an denen Sie etwas stört, und denken Sie darüber nach, wie Sie deren Verhalten trotzdem akzeptieren können.**

Erfüllst Du Deine Wünsche und Träume mit Leben? Welche Wünsche hast Du noch? **Listen Sie hier alles auf, was Sie bis zu Ihrem Lebensende noch erlebt haben möchten.**

Akzeptierst Du Deine Eigenheiten als Prägungen und Muster Deiner Vergangenheit? **Listen Sie hier alle bekannten Eigenheiten auf und überlegen Sie, wie Sie diese als Teil Ihrer Persönlichkeit integrieren können.**

Kannst Du ab sofort frei von jeglichen Erwartungen sein? Kannst Du offen und flexibel für Neues sein? **Listen Sie hier alle neuen Dinge auf, die Sie in Angriff nehmen werden.**

Legst Du Deine Werte selbst fest und lebst Du sie? **Listen Sie hier Ihre wichtigsten Werte auf.**

Denkst/programmierst Du aus der Fülle und Freude heraus? Hast Du Deine Ziele schriftlich fixiert (S.M.A.R.T.)? **Listen Sie hier Ihre Ziele auf.**

Auf den Punkt gebracht: WIE SIE DIE RICHTIGEN ZIELE FINDEN UND ERREICHEN

1.) Finden Sie geeignete Ziele für alle Lebensbereiche

2.) Stellen Sie sich die richtigen Fragen

3.) Formulieren Sie die Ziele richtig

4.) Überprüfen Sie die Formulierung mit allen Fragen

5.) Gliedern Sie in A, B, und C-Ziele

6.) Berücksichtigen Sie Ihre persönlichen Werte

7.) Finden Sie das passende Lebensziel

8.) Legen Sie konkrete Schritte in Richtung Ziel fest

9.) Verankern Sie das wichtigste Ziel im Unterbewusstsein

10.) Machen Sie regelmäßige Bestandsaufnahmen

Werkzeugkasten:

1.) Erstellen Sie für Ihre Zielsätze eine MP3 und hören Sie diese täglich.

2.) Schreiben Sie die Zielsätze auf Kärtchen und lesen Sie diese täglich.

3.) Schreibe Sie die Zielsätze täglich auf.

4.) Stellen Sie sich das Ziel als bereits verwirklicht vor und spüren Sie das Gefühl.

Kleine Werbung in eigener Sache: Falls Sie beim Ziele setzen Unterstützung benötigen, dürfen Sie mich gerne kontaktieren. Ich biete natürlich Workshops zu diesem oder auch zu jedem anderen Thema an. Meine Internetadresse finden Sie im Impressum, ganz am Anfang des Buches.

Kapitel 8: Wie Sie fit und gesund bleiben

Wie sieht es mit Ihrer Gesundheit aus? Ohne die Gesundheit werden alle anderen Lebensbereiche wertlos. Sie können finanziell noch so erfolgreich sein, wenn es mit der Gesundheit nicht klappt, dann ist das viele Geld nur ein schwacher Trost. Hören Sie auf Ihren Körper, denn dieser gibt Ihnen oft schon rechtzeitig deutliche Signale.

TEILEN SIE IHRE ENERGIE EIN

Kommen Sie ab und zu total erschöpft nach Hause und sinken nur noch auf das Sofa? Der Arbeitstag war wieder einmal sehr anstrengend und hat Ihnen möglicherweise die letzte Energie geraubt. Wenn es solche Tage regelmäßig gibt, dann droht im schlimmsten Fall irgendwann ein Burnout. Sie haben dann keine Kraft mehr, werden depressiv und sehr anfällig für Stress. Das muss nicht sein, beugen Sie vor. Gönnen Sie sich Pausen. Finden Sie ein richtiges Maß zwischen Arbeit und Entspannung.

„Entspanne Dich mindestens einmal täglich gründlich. Richte eine feste Zeit dafür ein, in der Dich nichts und niemand stören darf."
Ralf Michael

BEWEGUNG IST GESUND

Haben Sie genügend Bewegung? Ich persönlich schaffe es nicht, den ganzen Tag nur am Schreibtisch zu sitzen. Da müssten Sie mich schon festbinden. Deshalb gehen Sie ruhig mal weg vom Schreibtisch. Statt einen Kollegen anzurufen oder ihm eine E-Mail zu schreiben, suchen Sie doch einfach mal wieder den persönlichen Kontakt. Neben einem persönlichen Gespräch kommen Sie dabei auch in den Genuss, ein paar Meter zu laufen bis Sie am Arbeitsplatz des Kollegen sind. Nutzen Sie auch die Möglichkeit, Treppen zu laufen, anstatt den Aufzug zu benutzen. In der Mittagspause gehe ich spazieren und laufe dabei um das gesamte Firmengebäude. Das mache ich übrigens fast bei jedem Wetter. Dabei tanke ich frische Luft und schalte auch vollkommen ab, bevor ich wieder an den Arbeitsplatz zurückkehre. Kleinere Strecken laufe ich oder fahre mit dem Fahrrad.

„Die kleinste Bewegung ist für die ganze Natur von Bedeutung; das ganze Meer verändert sich, wenn ein Stein hineingeworfen wird."
Blaise Pascal

OPTIMALE ERHOLUNG

Können Sie richtig entspannen und los lassen? Gönnen Sie hin und wieder Ihrem Körper die benötigte Entspannung? Das kann sein: Ein entspannendes Bad, eine angenehme Massage, ein Sauna-Besuch, Schwimmen gehen, Sport und Fitness machen oder etwas Anderes, wobei Sie am besten abschalten und sich erholen können. Früher habe ich regelmäßig geschäftliche Probleme oder Themen mit nach Hause genommen und konnte dadurch überhaupt nicht gut abschalten. Egal wie wichtig Sie sind, lassen Sie die Probleme im Betrieb und kümmern Sie sich erst am nächsten Tag und vor allem frisch gestärkt darum. Machen Sie bei der Arbeit alle zwei Stunden eine kleine Pause von 10 – 15 Minuten. Kein Mensch kann 8 Stunden oder mehr am Stück durcharbeiten, da kommt nichts Vernünftiges dabei heraus.

„Nichtstun ist die schwierigste Tätigkeit und zugleich diejenige, die am meisten Geist fordert."
Oscar Wilde

ERNÄHRUNG

Ich bin mit Sicherheit kein Ernährungsexperte oder absoluter Gesundheitsapostel und kann Ihnen daher nur Tipps geben, die mir persönlich auch geholfen haben. Zwingen Sie sich dazu, tagsüber viel zu trinken. Am besten Wasser, wenn Sie das - genau so wie ich - absolut nicht mögen, kann es auch ein ISO-Sportgetränk oder ähnliches sein. Die ideale Menge an Flüssigkeit dürfte bei 2 bis 3 Liter täglich liegen. Mir hilft es, mehrmals täglich kleine Portionen zu essen und spät am Abend am besten gar nichts mehr. Ich vermeide außerdem fettes Fleisch und Fast Food. Ab und zu gönne ich mir natürlich auch mal Fast Food, das ist allerdings eher die Ausnahme. Zudem ist es nicht schlecht, immer wieder mal ein paar Vitamine zu sich zu nehmen. Das könnten Äpfel, Orangen oder Bananen sein, je nachdem was Ihnen gut schmeckt. Ebenfalls gut ist zum Essen eine ordentliche Portion Salat oder auch mal Gemüse. Sorgen Sie für Abwechslung im Speiseplan, Sie tun es auch für Ihre Gesundheit.

GESUNDE GEDANKEN

Gesunde Gedanken sind die Grundlage für einen gesunden Körper. Ich kenne einige Menschen, die sich pausenlos nur über Krankheiten unterhalten. Sie erhalten dadurch die nötige Aufmerksamkeit durch Ihre Mitmenschen und genießen es dann regelrecht, bedauert oder bemitleidet zu werden. Kennen Sie solche Menschen auch? Was werden diese Personen anziehen? Noch mehr Krankheit, noch mehr Unwohlsein. Denn die Energie folgt der Aufmerksamkeit oder Sie ziehen das an, worüber Sie am meisten reden. Natürlich können Sie sich mal kurz über eine Krankheit unterhalten, doch verweilen Sie weder mit Gedanken, noch mit Worten zu lange bei diesem Thema. Die ganzen üblichen Botschaften von den Folgen irgendwelcher Krankheiten sollten Ihnen völlig egal sein. Glauben Sie einfach kein Wort davon. Eine gute Antwort: „Das kann bei vielen Menschen auf der Welt so sein, aber garantiert nicht bei mir!"

DENKEN SIE POSITIV

Denken Sie möglichst viele positive (gesunde) Gedanken. Stellen Sie sich in Bezug auf Ihre Gesundheit nur das Beste vor. Denken Sie jetzt bitte auch wieder an das Dankbarkeitsbuch. Beziehen Sie Ihren Körper und Ihre Gesundheit in die Dankbarkeit mit ein. Liebe und Dankbarkeit können alles in Ihrem Leben verändern. Finden Sie motivierende Ziele und sinnvolle Aufgaben, auch das ist förderlich für die Gesundheit. Unterbrechen Sie negative Gedanken mit einem Gedankenstopp. Weigern Sie sich künftig, negativen Gedanken nachzugehen und ersetzen Sie diese durch nützliche Gedanken.

„Mach das Beste aus Dir, etwas Besseres kannst du nicht tun."
Ralph Waldo Emerson

DENKEN UND SPRECHEN SIE VON GESUNDHEIT

Ich brauche Krankheiten nicht und unterhalte mich deshalb lieber über meine großartige Gesundheit. Andere Menschen in meinem Alter jammern über Bandscheibenvorfälle und ich weiß nicht über was alles für Krankheiten. Ich freue mich von ganzem Herzen, dass ich so etwas nicht habe und auch nicht brauche. Halten Sie Ihren Geist gesund (positive Denkweise, Freude, Spaß und Optimismus) und denken Sie gesunde Gedanken. Sie können auch für diesen Bereich Affirmationen (positive

Glaubenssätze) nutzen. Eine Krankheit zeigt Ihnen nur an, dass in irgendeinem Lebensbereich etwas nicht stimmt. Finden Sie es heraus und beseitigen Sie die Ursache, so wird auch die Wirkung (Krankheit) verschwinden. Glauben Sie mir, es ist so.

„Gesundheit bedeutet für mich Begeisterung, Lachen, gut gelaunt sein, Sport machen und so viel wie möglich Spaß bei der Arbeit."
Ralf Michael

SPORT HÄLT GESUND UND FIT

Es ist ja allgemein bekannt, dass Sport gesund und fit hält. Doch wie viele Menschen sind wahre „Bewegungsmuffel"! Ihre einzige Bewegung ist die mit der Fernbedienung, um das Fernsehprogramm zu ändern. Falls Sie noch keinen Sport betreiben, suchen Sie sich etwas, was Ihnen richtig Freude und Spaß macht. Bei einem ist es das Tanzen zur tollen Musik, ein anderer kann sich beim Fitness richtig austoben, manche Menschen bevorzugen Mannschaftssport wie Fußball, andere gehen zum Kegeln oder manche gehen gerne Wandern an der frischen Luft in der wunderschönen Natur. Was es auch bei Ihnen ist, tun Sie es im eigenen Interesse. Am Anfang ist es vielleicht noch schwierig, sich regelmäßig zu überwinden und schnell ist eine Ausrede gefunden, wieso man heute keine Zeit für Sport hat. Nochmals zur Erinnerung: **Sie müssen etwas nur 21 Tage**

am Stück tun, dann wird es als feste Gewohnheit im Unterbewusstsein gespeichert. Danach tun Sie es automatisch, so einfach ist das.

„Sport ist eines der wichtigsten Dinge für Deine Gesundheit."
Ralf Michael

LACHEN IST GESUND

Wie oft lachen Sie? Ist Ihnen das Lachen schon manchmal gründlich vergangen? Lachen Sie so viel Sie nur können. Lachen ist so gesund, dass Sie damit sogar Ihren ganzen Körper heilen können. An dieser Stelle nun wieder eine witzige Geschichte aus meinem eigenen Leben. Als ich mit meiner Arbeitskollegin und meinem Arbeitskollegen beim Kaffee trinken war, hat es mich im wahrsten Sinne des Wortes vom Stuhl gehauen. Das war sensationell lustig, wir lachen heute noch über diese Situation. Ich erzählte und gestikulierte wie wild, dabei kippte der Stuhl und ich stürzte mitsamt dem Stuhl nach hinten. Wir haben so was von gelacht und Witze darüber gemacht. Ich sagte im Spaß zu meiner Kollegin: „Du bist so umwerfend, dass es mich doch glatt vom Stuhl gehauen hat!"

„Nichts in der Welt ist so anssteckend wie Gelächter und gute Laune."
Charles Dickens

KREBS IST HEILBAR

Kennen Sie die Geschichte aus „The Secret", als sich Cathy Goodman nur aufgrund ständiger positiver Gedanken und dem Ansehen von lustigen Filmen von Brustkrebs heilte? Sie befreite sich von allem negativen Stress und heilte sich dadurch ohne Chemotherapie und Bestrahlung innerhalb von 3 Monaten. Lassen Sie deshalb Spaß zu in Ihrem Leben, es ist gut für Ihre Gesundheit. Unangenehme Gedanken verursachen Stress und länger anhaltender Stress verursacht Krankheiten.

„Gesundheit = weniger ein Zustand als eine Haltung, und sie gedeiht mit der Freude am Leben."
Thomas von Aquin

SELBSTHEILUNGSKRÄFTE

Jeder Mensch verfügt über solche Selbstheilungskräfte, so unglaublich das auch klingt. Biologisch gesehen erneuern sich die Zellen Ihres Körpers in rund 18 Monaten komplett neu. Das ist übrigens wissenschaftlich bewiesen.

Glauben Sie nicht an Alterserscheinungen und an Krankheiten, feiern Sie jedes Jahr meinetwegen Ihren ersten Geburtstag. Das ist doch eine sehr gute Nachricht.

„Du bist genau so alt wie du denkst, sprichst und fühlst. Ich fühle mich oft noch wie ein Kind, wahrscheinlich mache ich deshalb so viel Blödsinn und Spaß!"
Ralf Michael

Auf den Punkt gebracht: WIE SIE FIT UND GESUND BLEIBEN

1.) Teilen Sie sich Ihre Energie gut ein

2.) Bewegen Sie sich regelmäßig

3.) Achten Sie auf gesunde Ernährung und Vitamine

4.) Entspannen Sie regelmäßig und lassen Sie den Stress los

5.) Denken und sprechen Sie gesunde Gedanken

6.) Treiben Sie regelmäßig Sport

Werkzeugkasten:

1.) Melden Sie sich bei Ihrem Lieblingssport an

2.) Trainieren Sie regelmäßig

3.) Schreiben Sie sich gesunde Gedanken als Affirmation auf

Jetzt endlich haben wir das fehlende **F** vom **RALF-Prinzip** doch noch gefunden.

F = FIT, FANTASTISCH UND MIT FREUDE IM FLOW LEBEN

Das sind doch die **F's** die unser Leben lebenswert machen. Suchen Sie sich aus jedem Kapitel das passende Puzzle-Stück heraus, das Ihnen noch persönlich fehlt, um wirklich ein **fantastisches Leben** zu führen. So habe ich das auch gemacht mit über 500 Büchern, die ich zu dem Thema gelesen habe. Sie haben einen entscheidenden Vorteil. Ihnen bleibt viel Lektüre erspart, ich habe die für mich wichtigsten Erkenntnisse in diesem Werk nur für Sie zusammengefasst. Sie sparen also sehr viel Zeit dadurch. Und nun beschäftigen wir uns damit, wie Sie Gutes in Ihrem Leben bewirken können.

„Das Leichte ist richtig. Beginne richtig, und es ist leicht. Fahre leicht fort, und es ist richtig."
Tschuang-Tse

Kapitel 9: Wie Sie Gutes bewirken können

Welchen Beitrag können Sie leisten? Wie können Sie Gutes bewirken in der Welt? Ist es nicht ein wunderbares Gefühl, wenn man etwas Gutes tun kann? Stellen Sie sich doch heute die Frage: **Was kann ich Gutes in die Welt bringen und wenn es noch so klein ist?** Sie können so unglaublich viel für die Welt tun, wenn Ihnen das erst einmal bewusst ist. Schenken Sie jedem Menschen Ihr schönstes Lächeln. Ein schönes und vor allem ehrliches Lächeln ist so etwas Tolles, ich liebe Menschen, die fröhlich sind und dies ausstrahlen. Wenn Sie Lust haben, schreiben Sie sich folgenden Satz auf:

JEDEN TAG EINE GUTE TAT

Machen Sie es sich zum Ziel, jeden Tag mindestens eine gute Tat zu vollbringen. Es muss nicht gleich etwas Spektakuläres wie die „Rettung der Welt" sein.

<u>Einige Beispiele:</u>

1. **Geben Sie für eine gute Dienstleistung ein großzügiges Trinkgeld.**
2. **Sprechen Sie ein großes Lob aus.**
3. **Lächeln Sie einen wildfremden Menschen an.**

4. **Winken Sie einen Autofahrer in Ihre Spur, obwohl Sie Vorfahrt haben.**
5. **Helfen Sie einem Menschen ohne Grund und ohne Erwartung einer Gegenleistung.**
6. **Spenden Sie für einen sozialen Zweck.**
7. **Schenken Sie lieben Menschen Ihre Aufmerksamkeit.**

DEN ZEHNTEN GEBEN

In diversen Reichtums- und Erfolgsratgebern wird davon berichtet, dass Sie 10% Ihres Einkommens für gute Zwecke spenden sollen. Das soll bewirken, dass dann viel Geld zu Ihnen zurückkommen wird. Viele sehr reiche Menschen machen das tatsächlich. Sie gründen Stiftungen für soziale Zwecke und spenden viele Millionen. Den Zehnten zu geben wird auch in der Bibel beschrieben. Meine Meinung dazu: Geben Sie, was Sie selbst können und geben Sie mit Freude und von Herzen. Meiner Meinung nach geht es dabei nicht nur um Geld, deshalb habe ich Ihnen einige Beispiele genannt, wie Sie auch im kleinen Rahmen sehr viel geben können. Und alles, was Sie mit großer Liebe, tiefer Dankbarkeit und aus vollem Herzen geben, kommt verstärkt zu Ihnen zurück. Sie sollten es allerdings nicht aus Berechnung tun, sondern weil es Ihnen einfach nur Freude bereitet.

„Spende, was Du kannst und wenn es nur ein Lächeln ist."
Ralf Michael

WAS ICH GERNE GEBE

Ich selbst schenke gerne mein Lächeln und meinen Humor. Wann immer es möglich ist, spendiere ich lieben Kollegen/innen Süßigkeiten oder einen Kaffee. Ich erwarte dabei niemals, dass ich auch etwas spendiert bekomme. Wenn ich einmal im Monat zum Friseur gehe, gebe ich das Doppelte was es kostet. Es freut mich jedes Mal so sehr, das ungläubige Gesicht der Friseurin zu sehen. Über die Organisation Plan unterstütze ich mit einem monatlichen Betrag ein Patenkind in Brasilien. Es ist so schön, Post und Fotos von dem Kind zu erhalten. Ich liebe Kinder, deshalb unterstütze ich auch sehr gerne Kinder.

„Wenn Du gibst, dann gib immer großzügig und freue Dich selbst wie ein kleines Kind darüber."
Ralf Michael

SOZIALES PROJEKT

Seit einigen Jahren spende ich einmal im Jahr für ein Soziales Projekt. Meine Frau Silvia hatte die Idee dazu. Sie sagte zu mir: „Können wir nicht irgendwo etwas spenden, wo wir genau sehen, was mit dem Geld passiert." So sind wir dann auf das „Aufschnaufhaus" gekommen. Das Aufschnaufhaus nimmt Kinder und junge Menschen mit Behinderung zur Kurzzeitunterbringung bis zu 42 Tage im Jahr auf. Das Haus hat eine familienähnliche Struktur. Ziel des Kurzzeitaufenthaltes ist eine Entlastung der Angehörigen. Das so ermöglichte „Aufschnaufen" soll eine Unterstützung für die Familien darstellen. Das Haus ist für jede Spende sehr dankbar und verwendet die Gelder dann für spezielle Betten oder sonstige Umbaumaßnahmen im Haus.

„Soziale Projekte sind sehr wichtig und können Menschen, denen es nicht so gut geht echt helfen." Ralf Michael

DANKBAR FÜR DIE GESUNDHEIT

Wenn wir einmal im Jahr das Aufschnaufhaus besuchen, wissen wir wieder ganz genau, weshalb wir so dankbar für unsere Gesundheit sein dürfen. Und wissen Sie was? Wir können alle von der Dankbarkeit der Behinderten lernen. Es ist unglaublich, für welche Kleinigkeiten diese Menschen dankbar sind. Für meine Gesundheit bin ich von ganzem Herzen dankbar. Was nützt es Ihnen, wenn Sie vermögend sind, aber schwer krank?

SOZIALE KOMPETENZ ERLERNEN

Mittlerweile bieten wir in unserem Betrieb den Auszubildenden an, Ihre sozialen Kompetenzen im Sozialen Projekt Aufschnaufhaus zu erweitern. Die Auszubildenden leisten dabei eine Woche lang einen sozialen Dienst und helfen den Fachkräften im Haus bei der Betreuung der Behinderten. Es freut mich sehr, dass dieses freiwillige Angebot bisher von allen Azubis genutzt wird. Das Projekt wird natürlich von den Ausbildern umfangreich begleitet, unter anderem mit einem Einführungs- und Feedbackgespräch. Es ist immer wieder wunderbar zu hören, welche Erfahrungen unsere Nachwuchskräfte mit den behinderten jungen Menschen gemacht haben.

„Wir können von behinderten Menschen lernen, wie man sich an ganz kleinen Dingen erfreuen kann."
Ralf Michael

Auf den Punkt gebracht: WIE SIE GUTES BEWIRKEN KÖNNEN

1.) Leben Sie nach dem Motto: „Jeden Tag eine gute Tat!"

2.) Spenden Sie Geld für soziale Zwecke

3.) Schenken Sie Ihr schönstes Lächeln

4.) Geben Sie so viel wie möglich Gutes

Kapitel 10: Wie das RALF-Prinzip funktioniert

R = RICHTIG DENKEN UND HANDELN

Nutzen Sie dazu Ihr Wissen aus diesem Buch konsequent. Lernen Sie **positiv zu denken, sprechen und zu handeln**. Achten Sie im ersten Schritt regelmäßig auf Ihre Gedanken (vor allem morgens und abends). Erstellen und nutzen Sie Affirmationen, üben Sie die Gedankenstille und Entspannung und erlernen Sie Dankbarkeit, die von ganzem Herzen kommt. Schaffen Sie Ordnung im Inneren und Äußeren.

A = AUFREGEND, ATTRAKTIV LEBEN UND LIEBEN

Seien Sie **aufregend und attraktiv** für Ihren Partner. Sorgen Sie für ein erfülltes Familienleben. Leben und lieben Sie **aufregend**. Setzen Sie sich **aufregende und attraktive** Ziele. Gestalten Sie Ihr Leben **attraktiv**, nach Ihren eigenen Vorstellungen.

L = LIEBEVOLL LOSLASSEN, LÄCHELN UND LOCKER BLEIBEN

Nehmen Sie alle Situationen im Leben an und **lassen Sie liebevoll los**, was Sie niederdrückt. Die Vergangenheit ist vorbei, wer weiß für was es gut war. **Lächeln und lachen** Sie soviel wie möglich und bleiben Sie einfach **locker** und vertrauen Sie dem Fluss des Lebens, Ihrem Unterbewusstsein und dem Höheren Bewusstsein. Wenn Sie mögen, dann vertrauen Sie einfach auf Gott. Gott ist überall, in Ihnen und überall um Sie herum. Wenn es für Sie besser passt, können Sie Gott auch einen anderen Namen geben (Höheres Selbst, unendliche Kraft im Universum…). **Ihr Glaube erzeugt die Tatsachen.**

„*Lässige und lockere Menschen können mich gut überzeugen. Verkrampfte Menschen mit Krawatten und Nadelstreifenanzug schaffen das eher nicht!*"
Ralf Michael

F = FIT, FANTASTISCH UND MIT FREUDE IM FLOW LEBEN

Leben Sie so, dass Ihr Körper **fit** und gesund bleibt. Gesundheit ist die Basis von allem anderen. Führen Sie ein **fantastisches Leben** mit Freude bei allem, was Sie tun. **Lächeln und Lachen** Sie viel, denn es kehrt tausendfach zu Ihnen zurück. Tun Sie viele Dinge aus vollstem Herzen und genießen Sie möglichst oft den **Flow** in Ihrem Leben. Hören Sie niemals auf Menschen, die Ihnen erzählen, wie schwierig und schwer das Leben doch sei. Es sieht zwar ab und zu so aus, doch nirgendwo steht geschrieben, dass Sie das akzeptieren müssen.

Auf den Punkt gebracht: DAS RALF-PRINZIP IN VIER SÄTZEN

1.) Wenn Sie richtig denken, handeln und sprechen, dann finden Sie aufregende und attraktive Ziele.

R = Richtig denken + handeln

2.) Seien Sie aufregend und attraktiv und setzen Sie aufregende und attraktive Ziele.

A = Aufregend, attraktiv leben und lieben

3.) Sie lassen allen Stress, Ängste und die Vergangenheit hinter sich, wenn Sie liebevoll los lassen, lächeln, viel lachen oder einfach immer locker bleiben.

L = Liebevoll los lassen, lächeln + locker bleiben

4.) Sie bleiben gesund und fit, wenn Sie ein fantastisches Leben genießen und dabei mit Freude oft im Flow sind.

F = Fit, fantastisch und mit Freude im Flow leben

Wenn Sie diese vier Punkte als feststehende Tatsache akzeptieren können, dann verspreche ich Ihnen, dass sich Ihre Lebensqualität drastisch erhöht. Wenn Sie das nicht glauben, dann wird es ebenfalls so sein. Denn **alles geschieht nach Ihrem Glauben**. Welcher Glaube bringt Ihnen ein besseres Leben? Es ist einzig und allein Ihre Entscheidung. Ich habe einfach die Buchstaben meines Namens **RALF** mit meinen wichtigsten Erkenntnissen verknüpft und das Ganze somit in meinem Unterbewusstsein verankert. Danach lebe ich, egal was im Außen gerade passiert, denn ich gehe meinen eigenen Weg. Und ich mache mir dieses Prinzip täglich bewusst und wünsche mir auch für Sie von ganzem Herzen, dass Sie ein erfülltes und schönes Leben führen dürfen, weil Ihnen das zusteht.

SCHREIBEN SIE DEN BRIEF IHRES LEBENS

Zum Abschluss noch ein kreativer Tipp, der wieder etwas verrückt klingt. Doch das kennen Sie ja schon von mir. Schreiben Sie einen Brief an sich selbst, in dem Sie das Leben beschreiben, das Sie so richtig in den Flow versetzt. Was bezwecke ich damit? Wie Sie schon an anderer Stelle erfahren haben, kann das Unterbewusstsein zwischen Fantasie und Wirklichkeit nicht unterscheiden. Deshalb legen Sie los.

BESCHREIBEN SIE IHR TRAUMLEBEN

Beschreiben Sie Ihr Traumleben mit den schönsten Farben und Gefühlen. Wo leben Sie? In einer Wohnung oder in einer Luxusvilla? Gibt es einen Swimmingpool und eine Sauna? Haben Sie einen Hobbyraum mit Billardtisch? Welche Luxusautos stehen in der Garage? Lassen Sie Ihrer Fantasie einfach freien Lauf und beschreiben Sie ganz genau, welche Gefühle das bei Ihnen auslöst. Es ist überhaupt nicht wichtig, ob Sie das wirklich mal besitzen werden. Sie sollen nur erst einmal richtig Freude an den Gedanken haben, wie es denn wäre, wenn Sie es besitzen würden. Und wenn Sie es alles wirklich wollen, dann nehmen Sie es somit in Gedanken schon in Ihren Besitz. Begrenzen Sie sich nicht, schöpfen Sie hier absolut aus dem Vollen, es ist genug für Sie da.

MEIN EIGENER BRIEF

Wissen Sie was meine Arbeitskollegin oft zu mir sagt? **"Ich bin nicht neugierig, ich will nur alles wissen!"** Möglicherweise möchten Sie jetzt auch alles wissen und deshalb schreibe ich hier meinen eigenen Brief und hoffe, dass er Sie inspiriert, auch Ihren eigenen zu schreiben. Sollte der Brief Sie nicht interessieren, so überblättern Sie ihn einfach, Sie haben auch ohne den Brief genügend Tools und Beispiele erhalten, um Ihr eigenes Leben nach Ihren Wünschen zu gestalten. Der Brief ist sozusagen noch das Sahnehäubchen oben drauf. Wer weiß, vielleicht brauchen Sie Ihren eigenen Brief schon bald. Es ist auf jeden Fall sehr interessant, diesen Brief in gewissen Zeitabständen immer wieder mal zu lesen. Sie werden erstaunt sein, was sich dann schon tatsächlich alles verwirklicht hat.

Lieber Ralf,

Du kannst dir überhaupt nicht vorstellen, was für ein traumhaftes Leben ich nun führe. Es ist mir eine riesengroße Freude, Dir alles ausführlich zu schreiben. Ich bin ein sehr gefragter Coach und gebe mein Wissen mit Freude und Begeisterung vor allem an junge Menschen weiter. Wir machen Outdoor-Events und haben so viel Spaß an diesen Aktionen, es ist einfach ein absolut herrliches Gefühl. Meine Arbeitskollegen/innen sind die besten Kollegen auf der Welt, sie sind richtig gute Freunde von mir. **Ich gebe mein Wissen mit Freude und Begeisterung weiter.**

MEIN BUCH IST EIN BESTSELLER

Mein erstes Buch ist ein absoluter Bestseller geworden und hat sich auf Anhieb millionenfach verkauft. Nun werden erste Hörbücher produziert und ich freue mich schon sehr darauf, weil ich ja sehr gerne spreche und moderiere. Hier kann ich mich wieder voll motiviert austoben. Ich weiß nicht, wieso und warum, es ist einfach nur ein sagenhaft tolles Gefühl, was gerade so alles passiert.

Ich kann es ehrlich noch gar nicht richtig fassen, mein Herz rast vor Begeisterung. Ich hüpfe vor Freude und lache so viel wie noch nie in meinem Leben. **Ich bin ein sehr gefragter Autor und teile meine Erfahrungen mit Millionen von Menschen. Das erfüllt mich mit Freude und Begeisterung.**

ALLE TRÄUME WERDEN WAHR

Alle meine Träume haben sich nach und nach so einfach und leicht verwirklicht. Wenn ich nur daran zurück denke, dass ich bis zum 45. Lebensjahr keine Ahnung von den universellen Lebensgesetzen hatte, dann muss ich irgendwie lachen. Wie schwer habe ich es mir gemacht, welches Leid und welchen Kummer musste ich ertragen. In Wirklichkeit hat mich all das nur dahin gebracht, wo ich jetzt bin. Und dafür bin ich so unglaublich dankbar. **Meine Affirmation: Ich erlaube mir, meine Träume zu leben.**

TRAUMURLAUB IST ANGENEHM

Ich bestimme jetzt selbst, wann ich arbeite und wo ich arbeite. Stell Dir vor, ich kann jetzt sogar 4 oder 5-mal im Jahr Urlaub an den traumhaftesten Stränden der Welt machen. Ich liebe den traumhaft weißen Strand auf den Malediven. Es schaut original noch viel besser aus als auf den Fotos. Auch auf Hawaii ist es unglaublich schön. Was für Palmen und was für ein sensationeller Strand. Es ist sehr angenehm, die besten Luxushotels auf der Welt buchen zu können. **Ich erlaube mir Urlaub an den schönsten Orten der Welt.**

FUSSBALLTRÄUME VERWIRKLICHEN

Endlich kann ich meine früheren Träume verwirklichen und die größten Fußballstadien auf der Welt besuchen und mir dort die Topspiele live ansehen. Das

Allergrößte ist, dass ich topfit, gesund und jung aussehend bin. Das ermöglicht mir, ohne Probleme mit 20-jährigen Jungs volle Pulle Fußball zu spielen, es ist einfach ein Traum. Ich liebe und schätze das von ganzem Herzen, weil das neben den angenehmen materiellen Dingen echt das Wichtigste ist. Ich habe eine perfekte Frau, die mich über alles liebt. Wir lachen so viel gemeinsam und sind wie durch einen unsichtbaren Magneten miteinander verbunden. Ich genieße es sehr, so geliebt zu werden. Meine Tochter ist so glücklich und genießt das Luxusleben in vollen Zügen. **Ich bin dankbar, dass ich gesund bin und Fußball spielen kann. Ich gestatte mir die größten Fußballstadien der Welt zu besuchen.**

DAS GEFÜHL FREI ZU SEIN

Es ist ein wunderbares Gefühl, endlich richtig frei zu sein, das Leben in vollen Zügen zu genießen und die Familie so glücklich zu sehen. Es ist einfach ein geniales Gefühl zu wissen, dass Millionen von Menschen mein Buch gelesen haben. Das Beste sind die unzähligen positiven Feedbacks der Leser, denen ich damit wirklich helfen konnte. **Ich bin frei in meinem Weg und gehe ihn mit Freude.**

MEIN LEBEN HAT SICH GELOHNT

Ich werde noch viel mehr Menschen helfen können, wenn mein Hörbuch erschienen ist. Das bedeutet mir sehr viel, denn ich weiß nun, dass sich mein Leben wirklich gelohnt hat. Das wollte ich schon immer tun, den Menschen irgendwie helfen, leider habe ich mich 45 Jahre lang selbst unterschätzt und wusste nie wie. Ich war oft in unbegründeten Sorgen gefangen. **Ich bin sehr dankbar, dass ich vielen Menschen helfen kann.**

KINDER UNTERSTÜTZEN

Dabei war es so einfach, denn ich musste nur das tun, was mir schon als Kind Freude bereitet hat, einfach nur schreiben. Ich genieße es heute absolut, dass ich nun die finanziellen Mittel zur Verfügung habe, um großzügig Projekte mit behinderten Kindern zu unterstützen. Und ich kann mir dennoch allen Luxus gönnen, der mir Freude macht. Es ist so viel Geld da, das ich es gar nicht schaffe, alles auszugeben. Das ist so herrlich, denn dadurch kann ich meinen Beitrag durch Spenden leisten. Und ich kann einfach immer großzügig sein. Ob ich ein tolles Trinkgeld für eine gute Dienstleistung gebe, oder anderen lieben Menschen etwas Geld zukommen lasse, es ist genug für alle da, ich kann aus dem Vollen schöpfen. **Ich erlaube mir, Kindern viel Freude zu bereiten.**

MEIN TRAUMAUTO

Es ist für mich immer noch ein absolut sensationelles Gefühl, mit meinem 6er-BMW zu fahren. Die Ledersitze und die komplette Optik von diesem Auto ist einfach der Wahnsinn. Die sportlichen Felgen und die Breitreifen sind ein abso-

luter Hingucker. Vor einigen Jahren noch wäre es kaum denkbar gewesen, dass ich mir so ein Fahrzeug leisten kann. **Ich bin dankbar und glücklich, einen 6er-BMW zu fahren.**

MEIN TRAUMHAUS UND EINE HARLEY

Vielleicht kaufe ich mir im Sommer eine Harley-Davidson, dass ist noch ein Jugendtraum von mir. Wenn ich mir überlege, wie bescheiden ich jahrzehntelang gewohnt habe, dann bin ich jetzt wirklich so was von dankbar, dass ich mit meinen Lieben in so einem so tollen Haus wohnen darf. Es ist ein 3-Familienhaus mit separaten Eingängen. Meine Tochter und ihr Freund Dennis wohnen in diesem Traumhaus, ebenso die Eltern von Dennis. Jede Wohnung hat einen separaten Eingang. In jeder Wohnung gibt es zwei Marmorbäder und zwei Toiletten, sowie eine eigene Sauna. Die Räume sind groß, hell und sehr modern eingerichtet. Wir haben sehr wenige aber teure Bilder an der Wand hängen. Auch hier ist ein absoluter Traum von mir so exakt in Erfüllung gegangen, das ist unvorstellbar schön. **Ich habe es verdient in einem Luxushaus zu leben.**

LUXUS UND BEHAGLICHKEIT

Dieses Haus strahlt Luxus und Behaglichkeit aus. Wir haben eine wunderschöne große Terrasse und im Garten einen großen Swimmingpool. Die Beleuchtung im gesamten Haus ist sehr exklusiv, da haben wir überhaupt nicht gespart. Es ist erstaunlich, welche Effekte man mit Licht erzielen kann. Es ist sehr hell und wir haben einen gemütlichen Kachelofen, das ist in der kalten Jahreszeit sehr gemütlich. Es ist angenehm, einen Hausmeister, einen Gärtner, eine Haushälterin und eine Reinigungsfrau zu haben. Ich bin sehr dankbar, dass uns diese Tätigkeiten abgenommen werden. Unser Personal ist mittlerweile schon richtig in die Familie integriert. **Ich bin sehr dankbar und glücklich, dass ich ein sehr angenehmes Leben führen darf.**

VOLLKOMMENE ZUFRIEDENHEIT

Und wissen Sie was? Es ist so was von egal, ob das alles Realität ist. Während ich darüber schreibe, fühle ich schon ganz deutlich, dass alles, was ich brauche, in meinem Inneren schon lange da ist, egal was sich im Außen gerade zeigt. Ich spüre dieses tiefe Gefühl der vollkommenen Zufriedenheit und ich bemerke, dass ich viele Dinge, über die ich so begeistert schreibe, schon lange genau so lebe und bereits verwirklicht habe. Wie heißt es doch in vielen Büchern so schön: „Ich weiß, dass ich nichts mehr weiß."

Herzlichen Dank

Ich bin so unglaublich dankbar, dass ich mein Wissen mit Ihnen teilen darf. Auch wenn ich Sie nicht persönlich kenne, bin ich überzeugt, dass Sie ein großartiger und vor allem einzigartiger Mensch sind. Es ist mir eine große Ehre, dass wir durch dieses Buch wenigstens in Gedanken miteinander verbunden sind.

Möglicherweise lernen wir uns ja sogar irgendwann und irgendwie einmal persönlich kennen, es würde mich sehr freuen. Und alle Menschen, die mich bereits kennen, verstehen jetzt endlich, weshalb ich so bin, wie ich bin.

ICH HOFFE, SIE LIEBEN DAS BUCH

Ich wünsche mir so sehr, dass dieses Buch von Ihnen geliebt wird, dass es Ihnen richtig Freude bereitet darin zu lesen und dass es den einen oder anderen Tipp bereithält, der Ihnen hilfreich im Leben ist. Ich wünschte, alle Menschen würden sich so motiviert wie Sie - **sich erst einmal um sich selbst kümmern** – und dann um alles Andere. Das ist übrigens überhaupt nicht egoistisch, wenn das auch auf den ersten Blick so erscheinen mag. Ich behaupte: Erst wenn es Ihnen selbst richtig gut geht, strahlen Sie dies auch auf Ihre Mitmenschen aus. Wer sich selbst nicht liebt, kann auch andere Menschen nicht lieben. In der Kindheit haben wir vielleicht gelernt, dass wir andere lieben sollen. Doch wie können wir das tun, wenn wir noch nicht einmal uns selbst richtig lieben können? Oft sucht man fehlende Anerkennung, Bestätigung in allen möglichen Aktivitäten. Manche Menschen finden Befriedigung beim Shopping oder im Kaufrausch.

Geben Sie sich doch selbst folgende Bestätigung:

ICH BIN ICH UND ICH BIN EINFACH EINZIGARTIG!

LOBEN SIE SICH SELBST

Sie sind einmalig und perfekt. Alles ist gut so, wie es ist. Hören Sie deshalb auf irgendetwas an sich zu kritisieren. Vielleicht sehen ja nur Sie selbst diese angeblichen Mängel und alle anderen nicht. Loben Sie sich ruhig selbst einmal, betrachten Sie sich im Spiegel und sehen Sie dabei einfach nur, was Ihnen gefällt. Würden Sie Ihren besten Freund/in nur kritisieren? Eher nicht, oder? Sie würden die Vorteile und positiven Eigenschaften Ihres Freundes sehen. Wieso denken wir über uns selbst meistens so kritisch oder schlecht? Behandeln Sie sich selbst, wie Sie ihren besten Freund behandeln würden?

Ich wünsche Ihnen von ganzem Herzen: BEGEISTERUNG, LIEBE, ERFOLG, HARMONIE, GESUNDHEIT UND REICHTUM IN IHREM LEBEN!

Nutzen Sie ab jetzt das RALF-Prinzip:

1.) RICHTIG DENKEN UND HANDELN

2.) AUFREGEND, ATTRAKTIV LEBEN UND LIEBEN

3.) LIEBEVOLL LOSLASSEN, LÄCHELN + LOCKER BLEIBEN

4.) FIT, FANTASTISCH UND MIT FREUDE IM FLOW LEBEN.

„Träume nicht Dein Leben, sondern lebe Deinen Traum."
Autor unbekannt

„Wer sein Ziel kennt, findet den Weg."
 Laotse

Das Leben ist eine Herausforderung..... begegne ihr.
Das Leben ist ein Geschenk.... nimm es an.
Das Leben ist ein Abenteuer..... wage es.
Das Leben ist Kummer.... überwinde ihn.
Das Leben ist eine Tragödie..... tritt ihr entgegen.
Das Leben ist eine Pflicht..... erfülle sie.
Das Leben ist ein Spiel..... beteilige dich an ihm.
Das Leben ist ein Geheimnis..... lüfte es.
Das Leben ist ein Lied..... singe es.
Das Leben ist eine Gelegenheit..... ergreife sie.
Das Leben ist eine Reise..... mache sie bis zu Ende.
Das Leben ist ein Versprechen..... halte es.
Das Leben ist Schönheit..... preise sie.
Das Leben ist ein Kampf..... stelle dich ihm.
Das Leben ist ein Ziel..... erreiche es.
Das Leben ist ein Rätsel..... löse es.

Autor unbekannt

Zum Abschluss noch ein paar aufbauende Zitate:

„Was Du mit guter Laune tust, fällt Dir nicht schwer."
Ungarische Weisheit

„Was du heute denkst, wirst du morgen tun."
Leo Tolstoi

„Fange zu tun an, dann hast du auch die Kraft dazu."
Ralph Waldo Emerson

„Jeder Tag ist eine neue Chance, das zu tun, was du möchtest."
Friedrich von Schiller

„Arbeit, die Freude macht, ist schon zur Hälfte fertig."
Französische Weisheit

„Ein entspannter Mensch ist ein gesunder Mensch"
Chinesische Weisheit

„Lachen ist eine körperliche Übung von großem Wert für die Gesundheit."
Aristoteles

www.ingramcontent.com/pod-product-compliance
Lightning Source LLC
Chambersburg PA
CBHW081208170426
43198CB00018B/2894